啟動羣體生命力

小組訓練10課

區祥江 著

啟動羣體生命力 —— 小組訓練10課
編著／區祥江
總編輯／馬鎮梅
責任編輯／伍詠慈
美術設計／許智超
出版發行／突破出版社
香港沙田亞公角山路33號突破青年村
電話：2632 0000　傳真：2632 0388
電郵：breakthrough@breakthrough.org.hk
網址：http://www.breakthrough.org.hk
http://www.btproduct.com
承印／陽光印刷製本廠
2008年10月初版1刷
2015年10月初版3刷

Enhancement of Group Dynamics —— 10 Lessons for Group Training
by Raymond Au
First Printing, First Edition, October 2008
Third Printing, First Edition, October 2015

Printed in Hong Kong
ISBN 978-962-8996-18-6

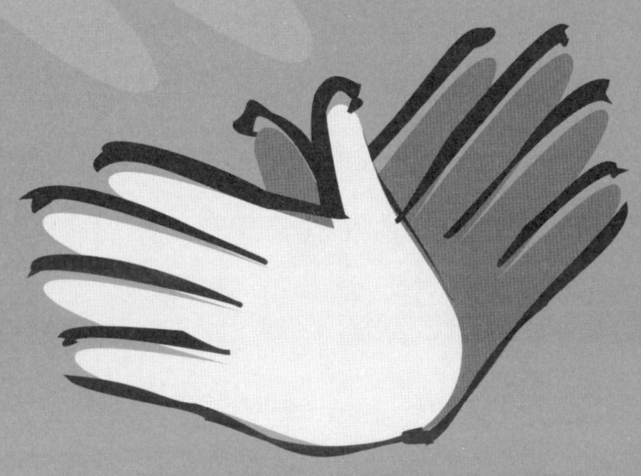

栽培新一代

年輕的心 驛動卻美麗

認識 貼近

關愛 同行

建造新一代更動人的生命

目錄

引言

小組是一種廣泛採用的模式，一般由數人到十數人組成，當很多人為共同目的走在一起，定期聚會，小組便自然形成。這是一種社交接觸，也容易讓個體產生歸屬感。在一些羣體或機構，為了方便分工和協調，當主管或作領導的，也會將不同的人放進小組裏去。舉學校為例，現今在校內學習及考試制度上，也常以小組形式進行，如中、英文科的討論小組、通識教育科的時事討論及專題研習小組，學生有時也會組成功課小組及讀書小組，甚至在教會、醫院、社區中心、私人機構，也會組織小組，例如成長小組、細胞小組、治療小組、學習小組、工作小組等。

在不同的小組中，你或者是這個小組的組長，也可能是另一個小組的組員。帶領小組時，組長要注意小組的性質、發展、可能發生的組員問題、溝通問題、甚至個人質素等課題；小組組員偶然會有機會擔任組長，若組員對上述課題有認識，相信有利投入參與，以及推動小組的發展歷程。

我在神學院教授及設計小組組長訓練課程時，常感到缺乏教材。傳統輔導行業內所用的小組課本，較傾向治療性（如輔導小組），要閱讀的資料太多、太艱深，有不少寶藏都未能在一般組長培訓上普及應用。另外一些小組培訓的材料，偏重某類小組如細胞小組、查經小組的學習，反而忽略了一些基本的小組知識（generic knowledge）。可見，一些實用與理論兼顧、深淺適中的小組訓練材料是最缺乏的。

學習小組帶領的最佳進路是在帶領中學習，好讓學習者在過程中體驗小組的歷程，並有機會運用一些小組技巧，對自己及其他組員均有彼此觀察和回應的機會。

所以，筆者下定決心，將自己教學的流程及學習材料剪裁，編寫結集成一本組長訓練手冊，方便組長培訓時使用，每組員人手一本，便可以邊學邊體驗，不用到處翻檢。

小組訓練的理論框架

小組能發揮功效，讓組員在過程中學習和成長，源自不同動力因素，本書的設計就是基於這些動力因素。

組長是一個重要的因素，他個人的氣質和信念直接影響小組的互動（第二課），他不單要對小組不同階段的面貌有認識和掌握（第七、八、九課），他也要了解帶來小組改變的理論基礎（第四課），並能將這些動力在小組內善用。當然，一些基本小組技巧，他也要認知、掌握並知道何時運用（第五、六課）。在組長設計小組時，要考慮小組的結構性因素，如人數、男女比例等，也是本書會提及的（第三課）。

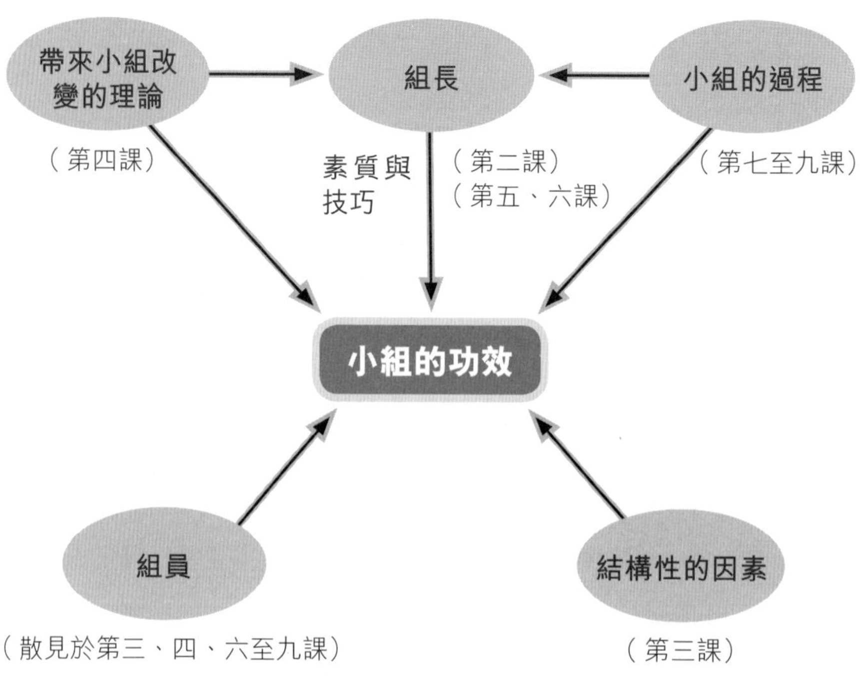

組長訓練元素

本書的組長訓練就是按上述理論框架，設計成一個學習課程，讓學習者用自己的經歷去消化（process）材料。課後作個人反省整合，是整個培訓最重要的過程，也是經驗學習法（experiential learning）的一種實踐。每課的小組習作，由組員按序輪流擔當組長帶領一次，之後撰寫反省自己帶領技巧和成果的報告。

訓練過程以小組進行，每組 8 人為例，最佳的訓練是 2-3組，即 16至24人左右。每次訓練時間為 2小時，當中包括內容講解及小組習作。

第三課討論小組形式的結構性考慮，幫助學習者思考小組的設計。課堂完結時，每組要呈交一個「小組計劃初步討論」的設計，這個任務的用意是讓學習者親身經歷小組的過程。

除了小組整體規劃的功課、個人帶領反省外，在第九課結束後，學習者也要寫一份觀察文章，測試他們對小組進程的敏銳度；並從組員的角度，體驗小組的互動和成敗的因素。

第一課

組長的三重視野及觀察小組的元素

流程

1. 訓練員自我介紹，包括自己帶組的經驗，對組長培訓的期望與感受。

2. 用輪流分享的形式，讓每位組員都有機會分享。通常由組長提示，順序分享，避免組員早期未熟悉前的冷場。組長可在短時間內，得知組員的狀況。例如，請組員以分數（1-10）來形容當天的心情，簡單介紹自己的背景及對課程的期望，不須作詳細解釋。

3. 訓練員留意組員間一些共同背景，並簡單總結組員的組成特性。

4. 訓練員介紹課程內容，包括各課的主要內容，及背後的理念，可借用小組功效動力圖（見引言）。

5. 講解課程要求，包括：

   - 分組完成小組計劃。(8堂小組的計劃)【請參附錄一】
   - 主領一次小組習作並評估自己帶組的情況。(1000字)【請參附錄二】
   - 課程完結後，撰寫小組進程觀察的文章。(3000字)【請參附錄三】

6. 短講：「組長的三重視野」【材料一】，讓組員認識組長在小組中關注的重點。

7. 進行小組習作。

8. 訓練員總結：

   - 借助徐西森（1997）「三種領導模式比較」【材料三】作總結，我們可以透過觀察溝通內涵圖，分辨出不同的領導模式。
   - 對第一堂課的整體情況作出一些觀察和回應，鼓勵組員在餘下課程積極投入。

小組習作 小組溝通形式

1. 訓練員先以吳蘭玉（1990）的「小組溝通形式」【材料二】，講解小組溝通的不同流向。
2. 每組各組員按次序報數 1 至 8。
3. 請 1 號組員作小組組長，帶領分享。分享題目：「一次難忘的帶組經驗」。
4. 請一位組員自願作溝通觀察員，坐於組的圈外，記錄每次溝通的流向。

如下圖的提示：

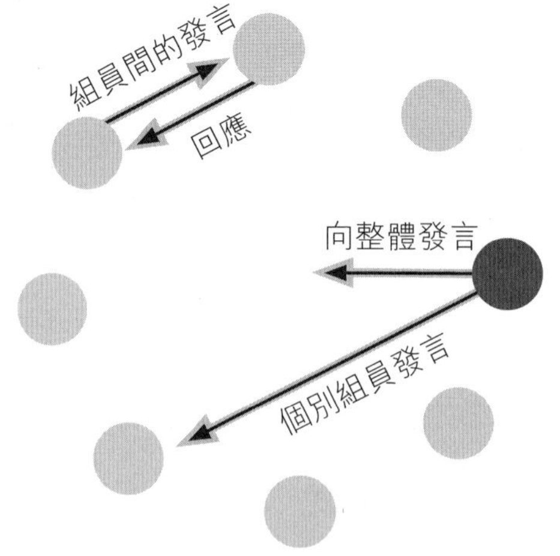

5.　習作時間 20分鐘。

6.　分享完結後，請觀察員報告他的觀察。

示範：

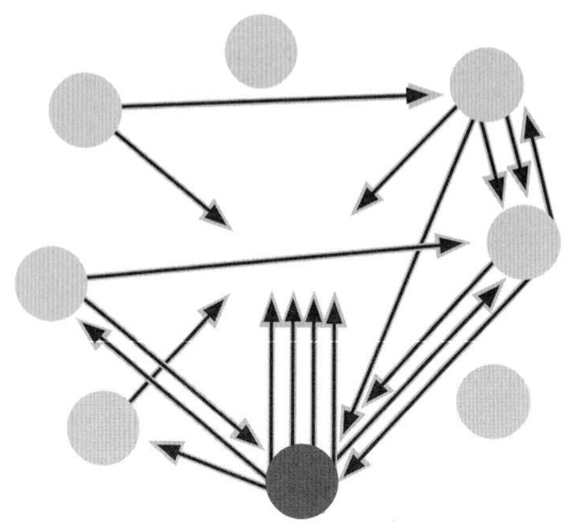

觀察：

- 組長的發言比較多
- 大部分組員也有彼此互動
- 有兩名組員沒有發言

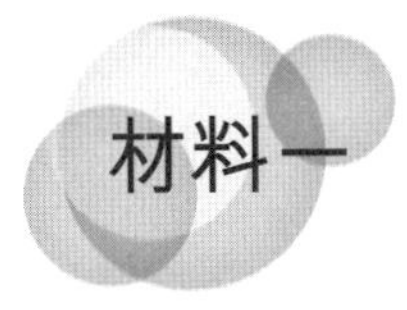

材料一

組長的三重視野

組長是小組的靈魂，他要細心觀察和適時介入。我們若跳進組長的內心世界，不難發現，組長是非常忙碌的，因為他要一心三用。

每次小組聚會，總會有一個特定的目標和內容，要在有限的時間和空間內達到，組長要安排、要分享討論的內容，並思考如何達到目標，完成小組任務。

但一羣人一起總會有不同的互動或化學作用，個人有情緒，小組也有它的情緒，或稱為小組的氣氛。小組活潑或沉悶，組員之間和諧或對抗，都是組長需要關注的，一個有凝聚力、互助的小組是組長努力經營的目標。但他又知道，要達致小組的互動，需要一個過程，我們稱之為小組的不同階段（group stages）。組長要因應不同的階段，作出合宜的帶領。（詳見第七至九課）

小組由不同的個體組成，每個人都是獨特的，他會因外間生活的遭遇影響參與小組時的情緒和表現。小組的動力也會帶給組員不同的衝擊，他們可能會忿怒，甚至哀哭；組長要與每位組員有一定的連繫，或能有效回應個別組員的需要。

任務、小組互動與個別組員三者的需要都不同，作為組長，要同時兼顧三者。有時要作出智慧的判斷，定出處理的優先次序。例如，一次小組過程中，某組員哭了，組長可能要暫時放下小組的任務，先處理這組員的情緒，但他亦要考慮會否影響整個小組的互動。

三者能否圓滿整合（integrated），還是顧此失彼，要看組長的功力和臨場的彈性。組長先要培養有這個三重視野，並在不同處境中，作出有效的配合。

組長的三重視野

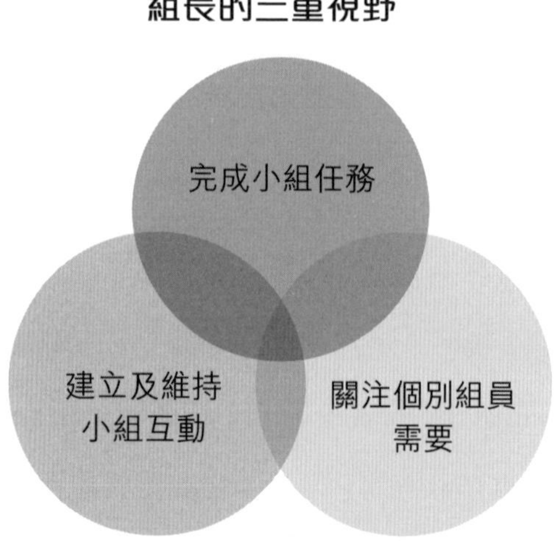

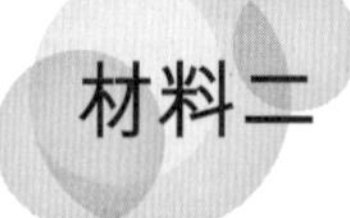

材料二

小組溝通形式

小組溝通的形式多種多樣，有的小組只有組長演獨腳戲，有些小組雖有組員參與，但卻由組長掌控一切，有些則只有部分組員參與。最理想的溝通形式應當是所有人都坦誠、自由、誠懇、謙虛的參與。小組不同的溝通形式包括：

小組講論

在小組溝通中，組長或某組員演獨腳戲，壟斷所有談話的時間，與演講無異。

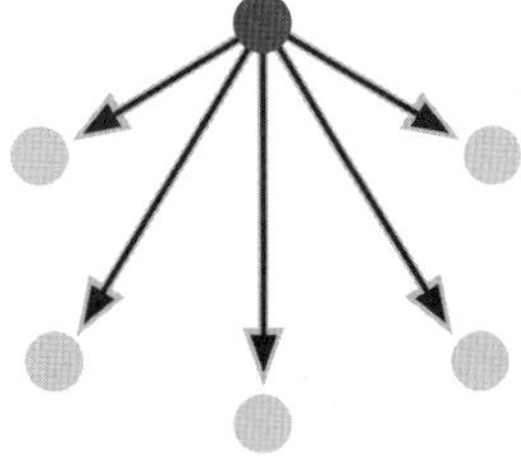

小組考試

在小組討論過程中，雖有組員參與，組長仍扮演權威的角色；組員只回應組長的提問，並不是真正的共同參與。

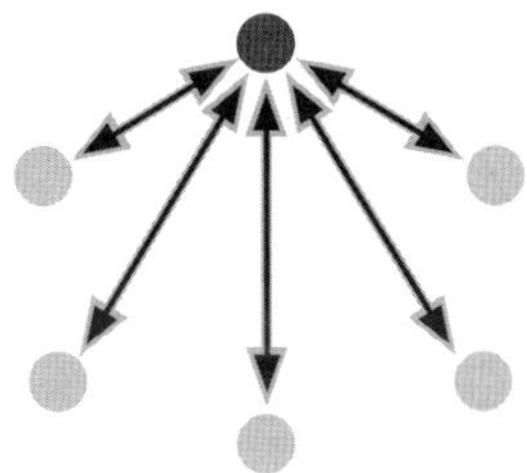

自問自答

組長在帶領討論時，發出許多問題，並未耐心等待組員回應，便馬上自問自答。

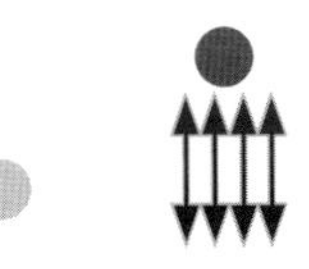

二人對談

在小組討論過程中，只有一位組員積極發言，形成他與組長的二人對談，其他組員全然被動。

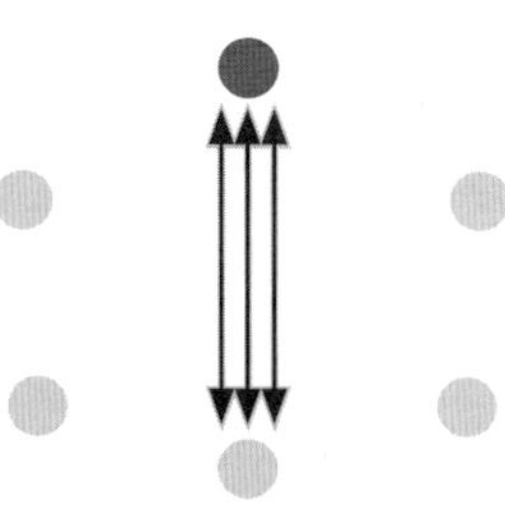

三人壟斷

有時在小組討論過程中，只有小部分人參與討論，形成了三人壟斷的局面，並非所有組員都有機會參與。

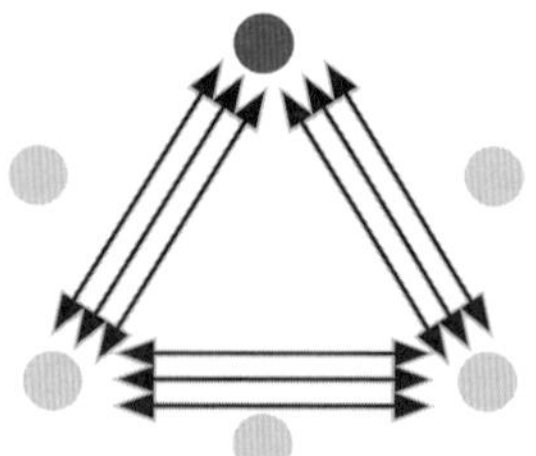

自由交通

在小組討論過程中，組長沒有好好控制場面，各人自由討論，局面混亂，沒有朝向共同目標。

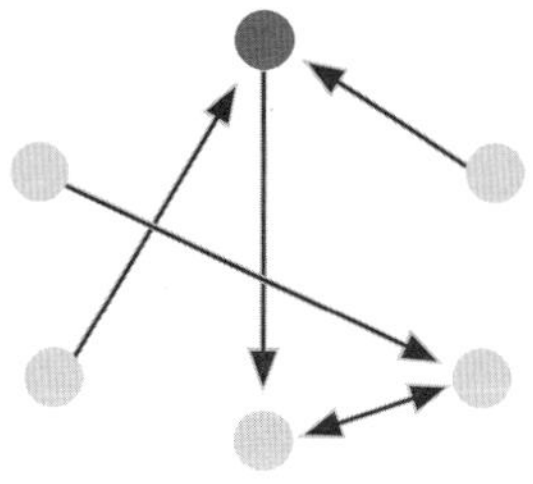

全體參與

最理想的小組溝通形式，是每名組員都積極參與，朝向共同的討論目標，有系統、有層次。外人觀察時，很難看出誰是組長，彷彿大家都扮演共同重要的角色，一起分享、鼓勵，在積極參與的溝通中俱有得益。

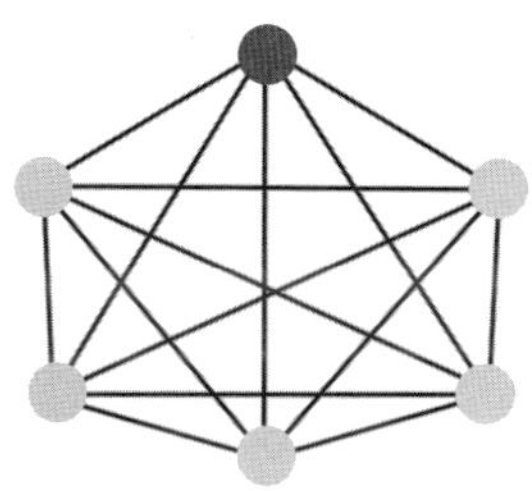

資料來源：吳蘭玉，1990，頁 106-109

材料三

三種領導模式比較

權威性（Authoritarian）

- 事無大小都由組長決定。
- 所有步驟、方法完全由組長指揮，一個命令一個動作操於組長之手，以致組員總不知下一步該如何。
- 每人的工作任務及工作夥伴都由組長決定。
- 以組長個人的觀點讚美或批評組員的工作，組長在小組過程中態度冷淡。

輻射型溝通

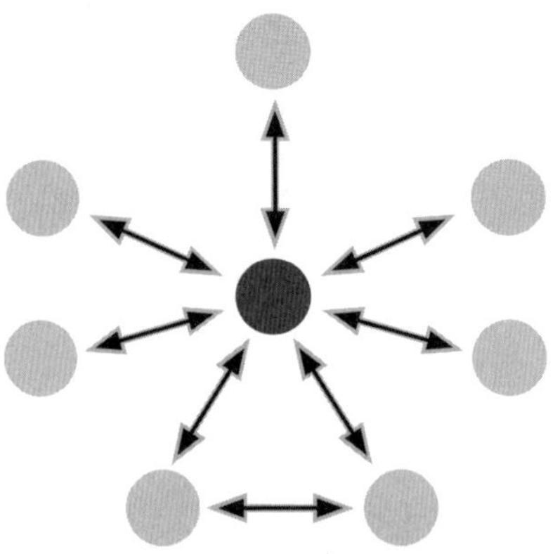

溝通內涵：組員彼此較少互動，大多與組長交流，一般小組發展初期都有此情況。

民主式（Democratic）

- 組長鼓勵並協助所有事務的討論與決定。
- 在討論中可以達到目標與步驟的共識，如須技術指導，組長會提供參考建議。
- 組員自由與任何人共事，工作分配由全小組共同決定。
- 對組員的工作，組長客觀地或以事實觀點讚美或批評；在小組中的參與儘量和其他組員一樣，不作過多的介入。

網狀型溝通

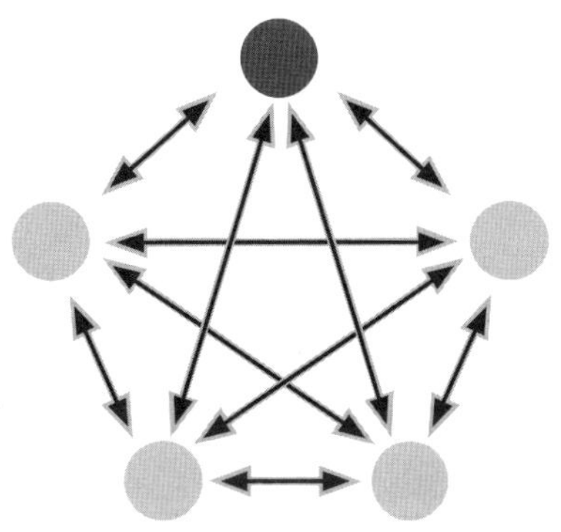

溝通內涵：有系統，不會完全集中在組長身上，是小組中期的狀態。

放任式（Laisser-faire）

- 組長避免參與決定，完全由組員決定。
- 組長只在應組員要求時，提供相關資訊，但不參與討論。
- 組長完全不參與工作分配、人員配對。
- 除非被問及，組長才對組員的活動間歇提意見，不會評價或調整小組的過程。

混亂型溝通

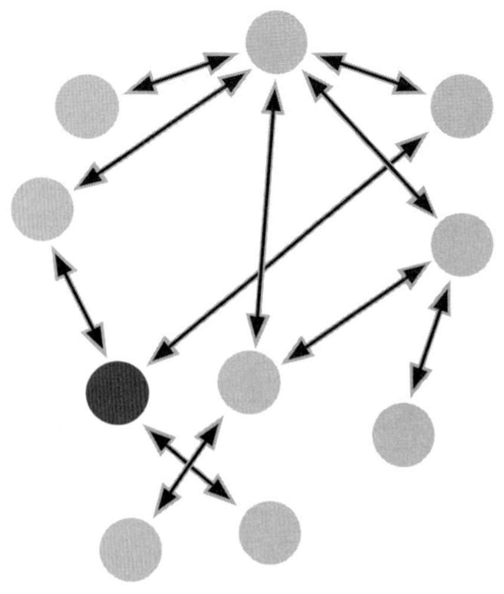

溝通內涵：溝通混亂，無目標無脈絡，組員私下互動，影響整個小組的動力。

資料節錄自：徐西森，1997，頁 78-79

參考資料

延伸觀察：小組的界線

訓練員可以本文，鼓勵學習者增強對小組動力的觀察。

Burlingame等學者（2004）以下圖表達小組界線的結構（group boundary structures），組員可從這個角度來觀察小組不同界線的鬆緊或互動。

小組界線的結構

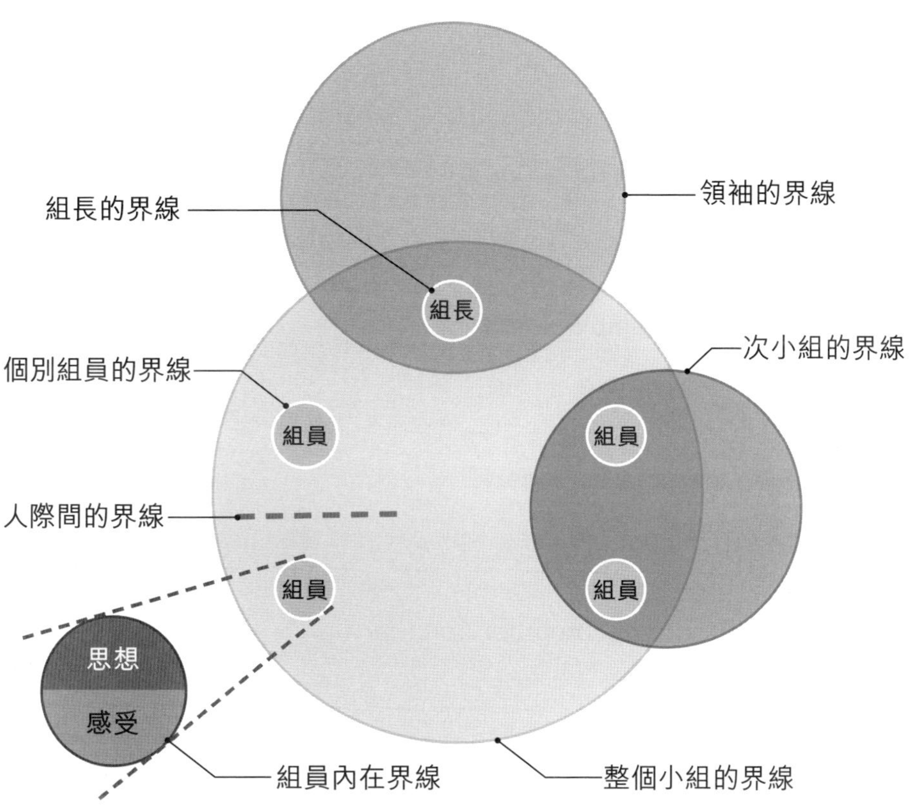

資料來源：Burlingame el. at., 2004，頁 647-696

整個小組的界線（whole group boundary）

指小組的動力因素，包括組員的數目，入組的條件（inclusion criteria）等。

次小組的界線（subgroup boundary）

是一小撮組員形成的組合，對整個小組有正面或負面的影響。

領袖的界線（leadership boundary）

指組長的訓練背景及帶領風格。

組長的界線（therapist boundary）

指組長的個人素質，包括年紀、性別、性格等對小組的影響。

組員內在界線（internal member boundary）

指組員內心的互動，包括情感與思想上的互動及關係。

個別組員的界線（individual boundary）

指個人願意向其他組員開放多少私人空間，包括個人情感的深度、私隱、身體接觸等。

人際間的界線（interpersonal boundary）

指組員間的親疏或情感、開放程度。

第一課 組長的三重視野及觀察小組的元素

第二課

組長的個人素質

流程

1. 因為是第二次的課堂，組員之間未深入認識，可先以「熱身」活動作為課堂的開始。例如用輪流分享的方式，請組員以「情緒溫度計」分享他當天的心情。以 10分為最佳，1分為最差。每人給一個分數，之後稍作解釋。
2. 進行小組習作。
3. 訓練員簡單總結今日的學習重點。

小組習作 組長的素質

1. 今次課堂有關組長的素質，由第 2號組員任組長，先以分享開始，題目：「你最欣賞的組長有什麼特質和表現，試舉一個例子。」
2. 組長的責任是帶動每位成員分享，最後總結一份全組成員意見的清單作彙報。
3. 各組於 30分鐘後分享、彙報。
4. 訓練員短講（20分鐘），內容是Corey（中文版，1998）的文章【材料一】，並與組長交出來的清單作比對，訓練員也可以現身說法，指出他認為哪些素質最重要，或他自己要培養哪些素質。這是一種自我流露

(self-disclosure)的示範(modeling)。

5. 用「組長素質自我檢視」【工作紙】，給組員即場反省，各人可以選取三項有待改善的素質在小組內分享。第2號組員仍任組長帶領分享，分享完畢，組長須作一些總結，並找出一些組長必須學習的共同目標。這過程是要建立全組的凝聚力(cohesiveness)。

材料一

組長的重要個人特質

勇氣

組長重要的個人特質之一是勇氣。勇氣可以在以下幾方面表現出來：1.願意冒自尊受傷害的危險，承認自己的錯誤以及不完美；2.處理衝突時，你會勇於向別人對質；3.願意堅持信念，並相信自己的直覺；4.能夠被別人感動，並引述自己的經驗以獲得別人認同；5.向組員表達你對小組歷程的恐懼與期望。

願意帶頭示範

通過行為示範，以及示範所傳達的態度，你可以創造小組的規範，如：開放、接納，以及鼓勵冒險等等。

全心投入、活在眼前

情感上能全心與小組組員認同，是非常重要的。組長要小心注意自己的情緒反應，若能感受並體會組員的痛苦、掙扎及喜悅，就能在情感上與組員建立更深的關係，對組員產生同情及同理心。但要注意的是，在受到別人經驗感動的同時，你也要保持清明的心，不要過分投入組員的處境。

善意與關懷

對小組組長而言，誠心關心別人是很重要的。這樣你才不會剝削組員，或利用他們來提高個人自尊心。

關懷包括尊敬、信任及珍視別人的價值。對組長而言，在某些狀況下要關懷某種人是極度困難的，組長必須知道哪些人是自己喜歡的，哪些是自己不喜歡的。組長可以開放地探索對組員的反應，藉此了解自己的感受。

對小組歷程的信念

組長對小組歷程的價值信念與建設性、積極的小組效果有直接關係。組長必須相信自己所作，並且相信小組帶來改變的力量。熱忱與信念是兩股很大的動力，可以吸引組員及組長，推動進行小組工作的動機。

態度開放

為了有效地帶領小組，採取開放的態度是很有幫助的。你不僅要對自己開放，也要對組員開放。此外，作為組長，對於新的經驗、新的生活形態，以及與自己不同的價值觀，你也要採取開放態度。但是，所謂開放，並不意味組長要把自己生活的各個層面都讓全組知道，只須足以讓組員了解你是個怎樣的人。此外，如果組長能適當地表達對組員的感覺，讓他們知道組長也受小組的影響，必定有助小組歷程的進展。

處理攻擊時放下自我防衛的態度

能夠正確處理批評與開放的態度有關。身為小組組長，如果容易感到受威脅，對自己的領導沒有安全感，對負面的回饋反應過敏，或過度依賴組員的贊同，都有礙帶領小組。有時組員的批評是蠻有道理的，因為組長很可能真的不夠敏鋭，或有時不夠機靈，但有時組員的抱怨可能代表他們妒忌。所以組長最重要是放下自我防衛的態度，和組員一起探索他們批評背後代表什麼情緒。

個人的力量

這是指組長清楚了解自己是個怎樣的人。組長最重要的特質是明白自己所擁有的能力、認識自己、並自己真正的需要。這種力量包括自信心、及某些領袖魅力。

自我強度高的人會承認、並接受他們自己的弱點，不會浪費精力去掩飾個人弱點。相反，自我強度弱的人非常需要自我防衛，不願意增進對自我的了解。他們的行為表現出害怕別人知道他們是容易受傷的。

充沛的精力

當小組組長是一種非常令人興奮與激勵的經驗，但也相當耗費精神與體力。因此，組長在身體及心理上都要有足夠的精力，並且還要能承受壓力；這樣才能在帶領小組時一直保持活力充沛。其實，如果組長在一些關鍵時刻失去了耐性與精力，小組已有的進展可能會前功盡廢。

願意探索新經驗

人格主要是由各式各樣的生活經驗所決定。狹隘的生活經驗會限制你了解那些人生經驗與你相異、價值觀與你不同的人。如果組長願意設身處地理解不同文化背景的人，可以幫助有特殊文化背景的組員。

雖然組長不可能親身體會別人所經驗過的每件事，但在小組中你至少應該願意體會別人的情感與感受。期待自己經驗過組員曾有過的經驗，是不切實際的。或者各人都經驗過痛苦，但原因就不一樣，能夠對組員的感受表現同理心，是先對自己生命中的痛苦持開放、不抗拒的態度，但又不會被痛苦所淹沒。

自我醒覺

任何一個組長的核心特質，就是自我醒覺，包括很清楚的自我認定；此外，對於自己的文化觀、目標、動機、需求、限制、長處、價值及情緒等也有清楚的認識。如果組長對自我的了解有限，就很難協助組員在自我醒覺上進步。如果你對自己了解不夠，而去領導小組，你可能會因害怕被揭露，而一直自我蒙蔽。如果你沒勇氣面對真實的自己，又怎樣鼓勵別人自我發現呢？

幽默感

有時，人們往往對自己太認真，以致錯失洞悉自己問題另一層意義的機會。身為小組組長應具備自嘲的能力，並且從自己的人性弱點中看到幽默的一面，有助組員採取適當的觀點看待事情，不至心理負擔過於沉重。有時小組真的要有笑聲和玩笑來紓解內在的緊張情緒。這種紓解並非逃避，真摯的幽默具有療傷止痛的力量。

創意

能夠自發性地創造，時時有新點子來帶領小組，是組長最重要的特質之一。新鮮感並不容易維持，尤其當你經常領導小組的時候。要避免陷入儀式化的技巧，並且不要用老掉牙的方式呈現了無新意的自己。如果你能從此時此刻的小組互動中，發明一些新方法來帶領小組，那麼你就不會感到愈來愈沒趣。

資料來源：Corey，中文版，1998，頁 19-26

工作紙

組長素質自我檢視

	組長素質	我對自己的評分（1-5）
1	勇氣	
2	願意帶頭示範	
3	全心投入、活在眼前	
4	善意與關懷	
5	對小組歷程的信念	
6	態度開放	
7	處理攻擊時放下自我防衛的態度	
8	個人的力量	
9	充沛的精力	
10	願意探索新經驗	
11	自我醒覺	
12	幽默感	
13	創意	

註：1代表最低分，5代表最高分。

第三課

小組的組成：類型與結構的考慮

流程

1. 本課會介紹小組組成時要注意的課題，然後小組會以任務小組 (task group) 的方式，完成小組設計的計劃。
2. 設計小組計劃前，首先要認識不同類型的小組，訓練員可以簡介 Jacobs（2006）「七種小組類型」。【材料一】
3. 介紹後，鼓勵組員按實際需要，選擇一種類型作小組計劃的功課。
4. 短講：訓練員介紹組成小組時要考慮的項目，此部分的分享，撮錄自黃惠惠（1993）的《團體輔導工作概論》。【材料二】
5. 進行小組習作。
6. 學習者在大組分享初步的結果，訓練員可按經驗和知識給予回應及帶領討論。

小組習作

1. 第 3號組員任組長。
2. 主要以討論形式進行。
3. 按以下項目決定計劃的框架。

「小組計劃初步討論」

小組類型：

小組組成：同質／異質

小組目的：

小組結構：封閉／開放

小組組員數目：

小組次數：

小組每次時間：

地點：

4. 主要目的是增強組員的意識，留意計劃小組時要考慮的項目。

材料一

七種小組類型

根據小組的目標不同，Jacobs（2006）歸納了七種不同類型的小組。

這些目標有的反映了組員從小組中可以得到東西，另一些則是組員將會在小組中做的事情。包括：

教育小組

由專業人士主持，為受眾提供不同主題的信息，如管教子女技巧、提高個人EQ等課題。

在教育小組中（educational group），主持小組的人士提供信息後，會從小組組員取得回應和評論。因此，組長有時擔當教育者的角色，其他時候則引導討論。組長要意識到自己的雙重角色。對於在每個角色上應投入多少時間，沒有固定的模式，視乎所包含信息的數量、組員已有的知識、以及可以使用的時間有多少。至於會面的次數和每次會面時間的長短，也沒有固定模式。一般情況下，教育小組只有一次會面，例如工作坊，大約2至8小時，在一天內完成。也有每週會面1至2小時，持續幾週，例如教育課程。

討論小組

討論小組（discussion group）的焦點通常是某一課題或話題，而不是組員的個人問題。它的目的是為參與者提供交流想法和交換信息的機會。組長的主要角色是促進組員的對話，但對討論題目不需要比組員有更多的知識。討論小組的例子包括：讀書小組、教會查經小組等。

任務小組

任務小組（task group），它的目標非常明確，是要完成特定任務。這類小組通常只會面一次或數次，當任務完成，小組就解散。任務小組的例子包括：員工會議、組織機構內的會議、決策會議等。

成長小組

成長小組（growth group）由一些希望對自身了解更多的人組成。例如：敏感度訓練小組（sensitivity training group），着重提升組員對自己或他人的敏覺程度，強調培養組員的自我感受、自我知覺等方面的能力。敏感度訓練小組和自覺小組（awareness group）都屬成長小組。

成長小組通常在機構內進行，如學校、社區中心。在小組中，組員有機會探索和發展個人目標，也會較深入理解自己和他人。這類小組的目標包括生活風格的改變、對自身與他人更深入的認識、改善人際溝通以及對價值觀的評估，都在分享和傾聽的氛圍中進行。在成長小組中，隨組員個人對自身問題的自覺提升，可能需要大量輔導工作介入。

治療小組

治療小組（therapeutic group）與成長小組不同，組員由於生活中的某些問題而參加這個小組，例如學校輔導員常常會為那些在家庭、學校和交友方面有各種各樣問題的學生舉辦輔導活動。組長將小組的注意力集中於不同的個體和問題，然後組員在組長的指導下試着彼此幫助。在某些時候，為了使輔導過程更有成效，組長會主導整個輔導進程。

支持小組

支持小組（support group）由具有某些共通之處的人組成，可能天天會面，也可能一週一次、一月一次或一月兩次會面。組員在小組中，交流思想和感受，幫助彼此檢視某些問題和憂慮。支持小組可以讓組員認識其他人也正面對相同問題、有相同的情緒感受、一致的思考想法，組員從中感受到有人同路支持。教會的團契和細胞小組都屬這類。

自助小組

這類自助小組（self-help group）現在很普遍。自助小組由一些非專業的過來人所指導，組長和組員有着相似的憂慮。戒酒者匿名協會（Alcoholics Anonymous, 簡稱AA）是最著名的自助小組，數百萬人感到參加AA的活動使他們的生活改變。AA應用「十二步驟」，十二步驟不是抽象理論，是早期戒酒者匿名協會會員反複嘗試後，發現這些內容有助他們成功戒酒。有許多其他自助小組遵循這個模式，應用相關理念和活動內容，例如一些單親團契就是發揮自助小組的功能。

資料來源：Jacobs，2006，頁5-18

材料二

小組組成之結構

在計劃小組組成時，需要考慮許多不同層面，如組員的同質性或異質性、小組的開放性或封閉性、自願性或非自願性、結構式或非結構式……等。

同質性小組／異質性小組

這是指組員的背景特質是否相似。同質的意思是指小組組員，其年齡、學歷、職業、婚姻狀況、背景…… 等方面相似或相近。

在運用上，到底同質好？還是異質好？答案沒有絕對，因兩者各有特點，也各有適用範圍。一些特殊小組宜採同質較有效，例如教師效能訓練、上班族壓力調適小組，參加者背景經驗較相似，彼此較能了解、容易溝通、體會，經驗也較能交流，互相幫忙；而像某些生活體驗小組、創造力小組…… 則可採異質的組成方式，使不同背景經驗的組員互相提供各種不同的資訊、經驗與意見，使小組更豐富、更多元。

開放性小組／封閉性小組

封閉性小組是指從第一次到最後一次聚會，參加的組員都是固定的；而開放性小組，其組員不固定，常有更替。這兩種方式各有利弊及適用情況。

封閉性小組由於組員固定，彼此容易熟悉，信任感、和諧度及認同感均較高，默契夠、溝通較易。較適合情感、人際取向高或需高信任度及連貫性高的小組，以免小組進展過程中有新組員加入，其他組員感到受威脅。

但開放性小組也會因組員更替帶來新鮮感及不同的活力，組員的更替不能一次太多人，也許一次二、三位，才不致使原來的小組瓦解。較適合討論性、工作取向、或主題式的小組。

自願性小組／非自願小組

這是指組員參加小組是出於自願或非自願。這會影響組員在小組中的參與表現及小組的進行。非自願者在沒有意願、被迫的情形下進入小組，對小組、組長、組員，及一切活動均排斥、防衛，對小組造成極大困擾。

面對小組中有非自願組員，組長要先體會他們的心情，讓他們把被迫或被指派參加的負面情緒、對小組或組長的疑惑表達出來，組長必須接納，並説明小組的正向功能及內容與運作，有助清除非自願參加者的負面情緒。

結構式小組／非結構式小組

結構式小組是組長針對某個要達成的目標，設計活動引導組員藉參與中學習，因此它是具有特定目標和活動方向的學習情境。組長的角色相當明顯，依照所安排的固定活動內容及程序來實施，就能達成小組預定的目標。

結構式小組有清晰的流程與小組分享學習的內容，如【附錄一】的成長小組，每次有既定的程序。非結構式小組的運作較自發，隨小組互動引發，例如在一些治療小組，每次的內容是組員主動提出，或組長按情況處理，可詳可簡。

主張非結構式小組者，認為結構式小組對組員形成一種限制，不像非結構式小組，學習較無限制，組長對小組負較少責任，毋須預設方向、也不用主動引導，由組員自發性彼此互動，引發出任何可能的學習方向和方式。

結構式或非結構式小組各有優點及限制，在使用時根據實際狀況而決定，如非結構式小組較適合年齡較長、心智較成熟、表達能力較強者，如大學生的學習小組；而結構式小組則適合年齡較小、心智尚未成熟、表達能力較弱者，如中小學生小組。

小組人數

小組人數視乎參與者的年齡、小組的性質、組長經驗及小組的目的而釐定；人數過多，在有限的時間裏，組員無法充分參與，互動不佳；人數過少，無法提供豐富的刺激，互動也有限。如成長小組，人數就不宜太多，大約8至12人左右；兒童小組大約6至8人為宜。

小組時間

一個小組共要進行多少時間，多久聚會一次，視乎小組目的、性質、參與者的背景狀況及組長的經驗而定。每次時間太短，組員無法充分參與，也無法較深入探討問題；總次數太少，小組無法完成小組歷程。聚會時間需有足夠長度，小組才能產生凝聚力及效能；但也不宜太長，組員易疲勞及厭倦，影響效果。

聚會地點

另一個小組需注意的，是每次聚會的地點。若地點隱密、不受干擾、環境幽靜、空間足夠面對面互動或活動，可以讓組員放心作較深入的相交。

資料撮錄自：黃惠惠，1993，頁37-45

參考資料

延伸分享：小組的人際關係

在考慮小組組成時，訓練員若發現組員是彼此熟悉的，就要考慮人際關係熟悉程度對小組的影響。

以 16人的小組為例，組員加入小組前，如果對其他組員不熟悉，則小組內其他組員最好也是來自不同背景，如下圖。彼此不熟者的數量應多於原本相識者的數量，才有利小組動力的開展。最不理想的狀況是小組中有些組員是校友、同學、同事、鄰居⋯⋯各自形成小圈子，容易導致彼此熟悉者相互依賴，小組內私下交談、產生對抗、或孤立其他組員等現象，阻礙小組動力的發展。

小組進行前組員的熟悉度與小組動力

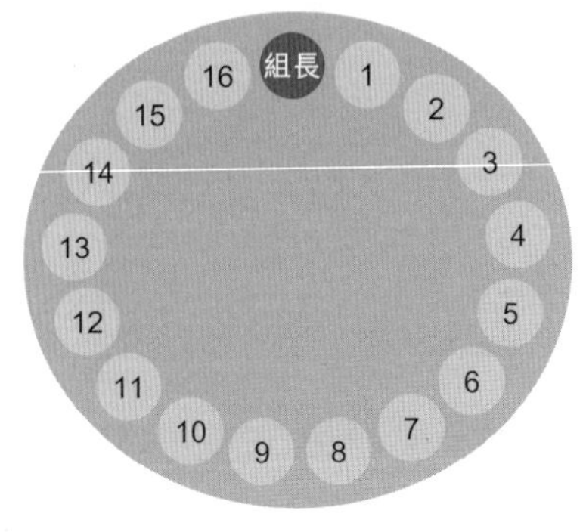

理想運作

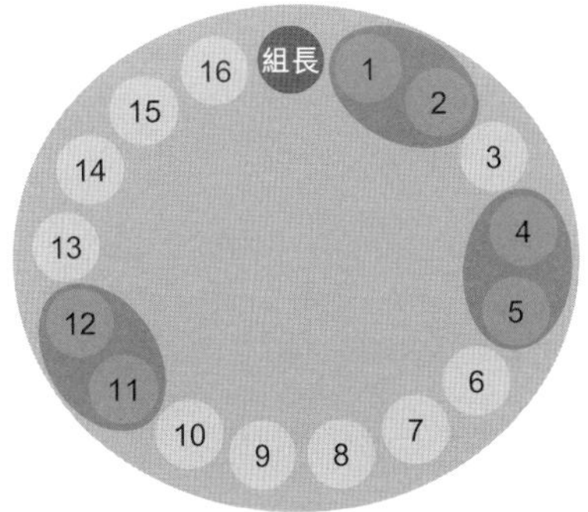

尚可運作

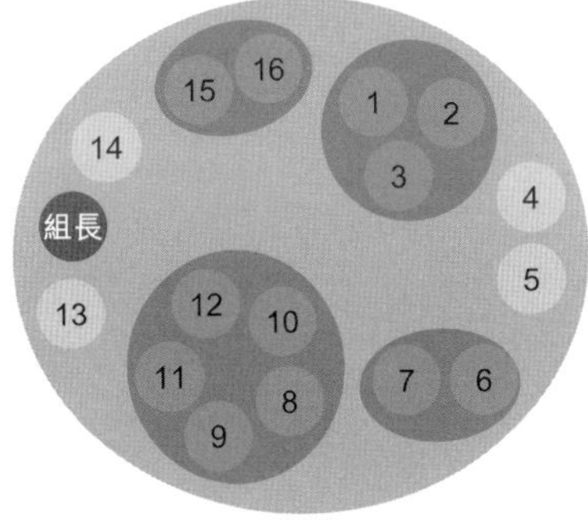

運作有困難

註：小圓圈代表小組內彼此相熟的組員

資料來源：徐西森，1997，頁61

第四課

小組改變的動力

流程

1. 作為組長，我們要相信小組的動力（group dynamics）能帶來組員生命的改變，研究小組的專家，稱這些因素為小組改變的因素（curative factors）。這些因素可以在任何小組發揮作用，這也是小組威力所在。掌握這些小組因素，是組長的基本知識。
2. 本課以一種歸納式的進路，從組員自己經歷過小組生命改變的經驗入手，進行小組分享。
3. 進行小組習作。
4. 訓練員介紹Yalom提出的 11項帶來小組改變的因素。【材料一】
5. 將這些因素與小組習作內組員綜合的因素作對比，看哪些因素有較多人提出。
6. 訓練員提出組長可以選取一個帶來改變的因素，在帶組時有意識地運用或強化這些因素。訓練員先選擇兩樣作示範提示。

例如：

「注入盼望」: 組長可以指出某人在小組歷程上的進步，肯定他，並邀請他分享「進步」的心路歷程。然後，邀請與當事人有相同經歷的組員回應，或鼓勵他也可以經歷類似的轉變。這樣「注入盼望」便可以強化。

「普遍性」：當某組員鼓起勇氣自我流露（self-disclosure）一些他以為是他獨有的經歷後，組長可邀請有類似經驗或有共鳴的組員作回應。若經驗相近，組長可強調我們並不孤單，有「同坐一條船」的感覺。

7. 訓練員在大組內，將組員分成二人組（dyad），每組選一至兩項因素（視乎大組人數多少而定）作討論，「組長如何強化這些動力因素」，試舉例和以說話表達。（Dyad指二人組合。組員獨自在大組分享，有時候會感到壓力，最好的方式是讓組員二人一組先行分享。因為內容已在二人組合時分享及「熱身」，再邀請個別組員在大組分享，便較為容易。另外，有時組長想每位組員都有機會分享自己的情況，二人組合是一個省時的做法。）

8. 每組在 10分鐘後彙報意見。

9. 訓練員按情況作回應或鼓勵大組一起討論。

10. 請一位組員作記錄，本課程完結後，便可整理一份動力因素運用提示，作為本課的學習成果。【工作紙】

小組習作

1. 第4號組員當組長。

2. 分享的題目：「一次小組帶給他成長和轉變的經驗」，內容愈具體愈好。

3. 組長帶動組員分享。

4. 然後，在組內一起作整理和總結，看組員曾經歷過哪些帶來改變和成長的因素。

5. 組長向大組彙報。

6. 訓練員在白板上綜合各組的分享。

材料一

11項帶來小組改變的動力

注入盼望（instillation of hope）

- 看到別人好轉使我得到鼓舞。

- 知道／看到別人已解決了和我類似的問題。

- 看到其他組員的情況改善使我得到鼓勵。

- 知道小組願意幫助和我有類似問題的人使我得到鼓勵。

普遍性（universality）

- 知道我並不是惟一有這種問題的人，感到有人「風雨同舟」。
- 看到我的情況和別人一樣。
- 知道別人和我一樣有些「不好」的想法及感覺。
- 知道別人和我一樣有不快樂或複雜混亂的家庭及生活背景。
- 知道我和別人並沒有很大差別，這使我感到「大家都是一樣的人」。

給予資訊（information giving）

- 組長／組員建議或勸告我去做某些事情。
- 組員給我生活問題上明確的建議。
- 組員勸告我以各種方式與身邊的人相處。

助人的善意（altruism）

- 幫助別人使我更看重自己。
- 我優先考慮別人的需要。
- 我先考慮別人，然後才考慮自己。
- 我與別人分享自己所擁有的。
- 幫助別人使我在他們的生活中變得重要。

修正本源家庭（corrective recapitulation of the primary family）

- 在小組中，就某方面來說，好像重新體驗和了解我成長的家庭。
- 小組讓我大約了解過去與父母、兄弟姊妹或其他重要人物之間陳舊的困擾。
- 就某方面來說，在小組中像在家裏，只是這次是個更能接納及了解我的家庭。
- 在小組中，幫我大約了解在家庭裏我如何成長。
- 小組就像我的家，有些成員或組長好像我的父母和親人，經由小組經驗，我了解過去與父母和親人（兄弟姊妹等）間的關係。

改善社交技巧（improved social skills）

- 改善我與別人相處的技巧。
- 我覺得更能信賴小組組員和別人。
- 我懂得如何與其他組員建立關係。
- 小組讓我有機會學習去接近別人。
- 我解決了與某位組員相處的困難。

模仿行為（imitative behavior）

- 嘗試效法小組中比我適應得好的人。

- 看到別人能說出自己尷尬的事或從冒險獲益，有助我去仿效。
- 我效法另一組員的特殊舉止或風格。
- 我會讚賞並模仿我的組長。
- 發現小組中有我可以模仿的對象。

人際學習（interpersonal learning）

- 小組讓我了解自己在別人心目中的印象。
- 知道我如何與別人交往。
- 其他組員坦誠地告訴我他們對我的想法。
- 組員指出我讓人感到不舒服的習慣或舉止。
- 知道如果我沒有講出真正的想法，有時會使別人困惑。

小組凝聚力（group cohesiveness）

- 我屬於一羣了解並接納我的人。
- 我持續和組員有密切接觸。
- 當我表露個人的尷尬事時，組員仍接納我。
- 我在小組中不再覺得孤單。
- 我屬於小組，並被小組所接納。

情緒的抒發（catharsis）

- 我可以在小組傾吐心事。
- 我可以向組長／組員表達負面或正面的感受。
- 我懂得如何在小組表達我的感受。
- 能夠向小組説出我的困擾，不致憋在心裏。

生活現實的分享、分擔（existential factors）

- 組員使我認識到人生有時是不公平與不公正的。
- 組員使我認識到人無法逃避某些人生的痛苦與死亡。
- 組員使我認識到不論我和別人多麼親近，我還是必須獨自面對人生。
- 在小組學會面對生與死的基本問題，更坦誠過生活而不會被瑣碎小事所困。
- 了解到不論從別人身上得到多少引導和支持，我終究必須對自己的生活方式負責。

資料撮錄自：Yalom，1995，頁 70-104

工作紙

如何促進 11 項帶來小組改變的因素

項目	組長促進這些因素的建議
注入盼望	
普遍性	
給予資訊	
助人的善意	
修正本源家庭	
改善社交技巧	
模仿行為	
人際學習	
小組凝聚力	
情緒的抒發	
生活現實的分享、分擔	

第五課

組長基本溝通技巧

引言

小組的基本技巧繁多，但重要的技巧大致可以從兩方面入手。一些是基本溝通技巧，也是本課的主要內容。另外一些是困難的處理（如靜默或有組員哭泣），或製造困難的組員（如長氣袋或專唱反調的組員），留待下一課學習。在溝通技巧方面，有一部分是在個人溝通時也會運用的，如同理心、澄清等。訓練員可按組員在這方面的背景作調整，若已有基本的溝通能力，訓練員可以「小組技巧概觀」內一些與小組互動相關的技巧，挑選幾項出來講解或示範，例如調律（tone setting）、設限、保護等。

流程

1. 短講「小組技巧概觀」。【材料一】
2. 按組員的程度，選取一些小組技巧作講解或示範。
3. 進行小組習作。

小組習作

1. 第 5號組員任組長。
2. 選兩位組員任觀察員。
3. 用工作紙「小組技巧觀察回應表」作觀察記錄。
4. 小組討論內容：組長帶領討論小組的計劃（group project），第三課討論過小組的一些基本結構考慮，組員今次開始討論如何編排小組的內容、流程等，實際內容由組長自行決定。
5. 觀察員記錄組長用過的技巧，並判斷是否用得合宜。
6. 小組討論完畢後，觀察員可將觀察紀錄向全組人公布，也邀請組員對剛才小組的帶領作回應，給組長一些肯定及建議需改善的地方。

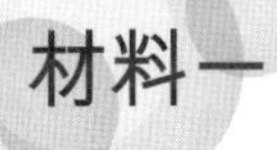

材料一

小組技巧概觀

組長反應技巧

積極傾聽

組長必須注意和組員語言與非語言的溝通，不要對組員妄作批判或評價，這才會鼓勵組員彼此信任以及讓當事人儘量表露和探索自我。

例子：

組員甲：「我經常失眠，每次到了睡覺時，我就告訴自己，今夜又無眠了，我在想……」（眼光拋向組長）

組長：「嗯！嗯！」（注視、身體前傾、表情自然、鼓勵的眼神）

組員甲：「我在想別人是不是也和我一樣，我想自己大概是世界上最倒霉的人啦！別人不會像我這麼慘，是嗎？」

組長以關懷的眼光注視甲，點點頭，同情的眼神。再將眼光環顧其他組員，以邀請及鼓勵發言的手勢。

組員乙：「我有時候和甲一樣會失眠，特別是遇到很大的工作壓力時……」

同理心

以接納當事人看事物的角度，向組員表示認同和理解。藉此促進組員對小組成效的信任、鼓勵更深層次的自我探索。

例子：

組員甲：「有時候我感很混亂很煩，不知下一步該怎麼走？常常發呆。」

組員乙：「我也是，每次做了計劃，最後都疑惑該不該做，我感到自己完蛋了。」

組長：「甲，你好像感到很困擾，不知道未來怎麼辦？乙，你與甲有同樣的感受，心裏非常擔憂。」

組員甲：「是呀，我就像你說的那樣……」

組員乙：「嗯，對！對！我……」

澄清

組長要學會在情緒與觀念層次上掌握信息的性質；留心組員談話內容的核心，將其信息簡化，幫助當事人澄清矛盾的、混亂的情感和思緒；讓組員對信息的內容有深刻理解。

例子：

組員甲：「我不知道要不要與他交往，我覺得他有點怪怪的，內心不舒服。」

組員乙：「聽起來，他會與甲交往，我也覺得怪怪的。」

組長：「乙，我知道你很關心甲，讓我們來聽聽甲進一步的說法。」

「甲，你說他怪怪的，你願意指出是哪方面嗎？個性、價值觀或交往動機？」

摘述

組長綜合一些互動或活動的元素或內容，以便對活動過程給予指導；讓小組活動更有連續性，也有助說明活動的意義。

例子：

組長：「今天小組結束前，請每位組員就這次小組的經驗作簡要的敍述，並分享一下對自己最有意義的一句話或一個活動？」

組員甲：「我喜歡小組的每一個人，尤其是在『情緒氣象台』的活動中，戊的反應令我很感動，我相信他肯定自己，未來必能有美好的成績。」

組員乙：「我看到自己在活動中可以表達得很好，自己也感到很驚訝。組長說得對，只有愛能解決人類問題，我真的發現我們小組的每個人都有愛的能量。」

組長：「今天小組的活動目標是愛與自我激勵，共進行了三個活動：『優點列車』、『情緒氣象台』、『把愛找回來』。剛才大家都分享了對本次小組的感受，XX等五人提到個人生活感想來印證小組經驗。XXX等三人分享了小組內的收穫，例如一句話或一個活動。其他人都清楚表達了自己的感想，我也有很深的體會……」

互動技巧

支援

組長創造一種氣氛鼓勵小組組員維持對小組的期望；或在當事人面臨艱巨困難時提供幫助、增進信任。

例子：

組長：「今天甲的分享及大家的回饋，讓我很感動，因為大家那麼用心、關懷、彼此信任，如同知心朋友一樣⋯⋯ 現在讓我們一起伸出雙手與兩旁的朋友相握，每人以一句簡單的話，分享此時此刻的感受。」

解說

組長對組內某些行為、感受、思考提供説明，鼓勵組員進行更深層次的自我探索，或提供一個新角度讓組員考察和了解彼此的行為。

例子：

組長：「今天有兩位組員無故缺席，可能因為上次小組討論時，他們的意見不被採納，而且當時大家也沒有給予回應。各位有何看法？」

連結

把小組組員的工作或言談與小組中的共同主題連結起來，有助促進組員的互動，及小組凝聚力的發展。

例子：

組員甲：「除非對方是完美的，否則我不會輕易與他相愛。」

組員乙：「我交異性朋友很慎重，除非對他有充分了解，否則我寧缺勿濫。」

組長：「甲乙對兩性關係的看法相似，兩位願意說說你們的擔心、考慮嗎？」

持平

以公平、中立的態度處理小組內的衝突；目的是要讓小組內有多元交流，有助集合不同看法，促進組員互相了解。

例子：

組長：「聽完這麼多相似的意見，一定還有其他的看法，尚未發言的組員願意說說聽嗎？…… 剛才甲和乙的看法各有不同，但是各位可能也和我一樣發現：二人都不否認求學有助充實自己，不只是求文憑而已，是嗎？」

阻止

採取措施制止對小組有害的行為，保護小組組員及小組歷程的發展。

例子：

組長：「小組一開始就說好了，當有人發言，我們要加以尊重，專注傾聽，有意見須等待，不耐煩可先舉手暗示當事人。」(正確阻止)

組長：「甲，你說太多了；乙，到你說。」(錯誤阻止)

設限

規範小組的共同及個人行為，藉此引導組員有建設性的行為，使小組有效運作，創造理想的合作情境。

例子：

組長：「今天我們要討論如何提高班會的出席率，請大家儘量發言。每人五分鐘為限，請就事論事，勿作人身攻擊或涉及班級以外的事務。別人發言時，請尊重傾聽，勿私下交談……」

保護

先告誡組員參與小組可能發生的冒險；並努力減少這些冒險，以保護組員免受不必要的心理傷害。

例子：

組員甲剛失戀，其他組員七嘴八舌，或關心、或議論、或好奇的詢問甲。甲面有難色，甚至情緒不穩，明顯的不耐煩……

組長：「大家似乎對甲很關心，很想幫助他。相信甲此刻的心情一定很沉重，不知道哪一位願意先分享類似的經驗，讓大家參考一下？」

行動的技巧

發問

組長藉提出種種開放式問題，如「為什麼」、「如何」的自我探索，目的是引發組員進一步討論、獲得信息、激發思考、澄清話題的內容；讓組員可以進一步自我探索。

例子：

組長：「甲，什麼時候會令你感到失望？你當時作了哪些反應？」

調律

調整小組進行的方向及步伐，或小組的氣氛，以開展小組動力、改善小組氣氛、定立小組的方向。

例子：

組長：「好像大家都很關心甲的近況，不如等一會再請他分享。別忘了，剛才乙的問題，我們好像還沒有討論完，似乎大家討論乙的升學較多，願意談談若乙先就業的優缺點嗎？」

自我表露

組長示範如何自我表露，披露個人對小組中此時此地此事的感受，希望加深小組的互動，促進組員間的信任。

例子：

組長：「甲乙丙三人剛才提到：因父親嚴肅或很少在家，以致親子關係冷漠，甚至害怕與他相處。我也有這樣的經驗，從小因父親工作經常不在家，一回來又喜歡指責我們，所以我也不喜歡他，甚至認為他不負責任。等到我上大學，第一次寫信回家報平安，居然接到父親的回信，字數不多，卻足以令我驚訝。後來寒暑假回家遇到他，我經常主動和他說說在校學習的點點滴滴，我才發現原來他也懂得很多，很關心我，他的內心很孤獨，很需要家人的支持。我想，若當時我不主動寫信，努力與他溝通，大概永遠都不會了解他，現在我們的父子關係也不會有所改善了。」

面質

鞭策組員檢查他們的言談行為或身體與言語間的差別，指出言談或報告中的矛盾，鼓勵組員誠實地自我探索，有助組員自我挑戰、自我覺察。

例子：

組長：「你一直提到組員不支援你，我可以了解你的心情。然而，當組員想關心你時，你卻表現出一副不在乎的樣子，例如低頭、眼望地板、不答話。同樣，當別人講話時，你也是如此，不知道你自己可有留意？你願意說說看嗎？」

資料撮錄自：1. Corey，中文版，1998，頁 91-92
2. 徐西森，1997，頁 118-144

工作紙

小組技巧觀察回應表

	技巧	用「正」字標示出現次數	評分（1-3）	備註
反應技巧	積極傾聽			
	同理心			
	澄清			
	摘述			
互動技巧	支援			
	解說			
	連結			
	持平			
	阻止			
	設限			
	保護			
行動的技巧	發問			
	調律			
	自我表露			
	面質			

合適：有利於個人或小組的反應 3分

普通：沒有任何顯著的正或負面影響 2分

不合適：不利或有害於小組的過程 1分

改編自：黃惠惠，1993，頁 322

第六課

問題處境和組員的處理

流程

1. 訓練員講解一些常見的問題處境與問題成員，可以邀請組員分享一些他們成功處理過的例子。

2. 訓練員可以按Jacobs（2006）【材料一】提出的常見情況，舉例講解或示範，這部分佔課堂的一半時間，在課題上充分討論後才進入小組習作。

3. 進行小組習作。

4. 訓練員從旁觀察，並作出一些整體性的觀察和回應。

5. 經過這半遊戲式的習作，學習者應該慢慢進入不同階段的小組歷程，為接着三堂課有關小組階段的學習作準備。

小組習作

1. 請6號組員任組長。

2. 先請組長離開小組房稍作等候。

3. 分派「組員行為反應的卡通素描」。【材料二】

4. 請組員各自選取自己會扮演的角色。

5. 請組長回到小組房內帶組，帶組的內容可以延續小組的任務，但組員可以製造困難的處境，看組長如何面對和處理。

6. 分組時間大約 20至 30分鐘。

7. 之後，大家回復正常的角色（de-rule），作解説（debriefing），給予組長正面的肯定，及分享自己在某個角色內的心態。

8. 整理這次角色扮演的反省、觀察及處理方法的討論。

材料一

問題處境或組員的處理

Jacobs（2006）在*Group Counseling: Strategies and Skills*一書中，收集了不少問題處境及問題組員的處理方法，很有參考價值。現簡單介紹較常見的情況。

多話者

組長若不處理一些東拉西扯、沒完沒了的閒聊，小組的分享便會失去重心和方向，其他組員會感到沉悶，甚至對組長的帶領失去信心。

組長可以重申，小組是屬於大家的，大家都有表達自己的機會。所以，請組員注意自己説話的長短和內容，讓其他人有機會發言。

另外，也可以應用一些具體方法減少多話者（chronic talker）的參與。例如，組長發出一條問題後，邀請未發言的組員先説。或將眼神轉移到較少説話的組員，特意邀請他們先分享亦可。

若小組已發展了一段時間，組員夠成熟，組長可以邀請組員彼此給對方回應，讓多言者知道別人對他的感覺和反應，也是一個好方法。

拯救者

有一些組員習慣扮演拯救者（rescuing member）的角色，太快給予意見，擾亂組員進深探索問題。Jacobs在書中引述一個很好的例子：

有一名組員叫茱迪，她向小組哭訴她的婚姻將要崩潰。當她正哭時，另外一名組員凱倫嘗試去安慰她：

凱倫：「別擔心，茱迪，事情會轉好的。我自己也離過婚，你只須儘量把事情往好處想，我認為……」

組長：（打斷凱倫的話）「茱迪，剛才你説自己體會過很多痛苦。如果你願意，我們願意洗耳恭聽，並且樂於幫你。通過交流，你起碼可以發泄一些情緒，而且我認為這樣你會感到我們的支持。」（茱迪同意，組長讓她説出自己的痛苦，同時請其他組員暫時別提出建議）。

組長：（在茱迪説過她的離婚後）「我想向在座諸位説，一般來說，當一名組員受困於某個問題，比如離婚，她並不需要我們的同情或建議，而是需要傾聽和支援。」

消極者

消極的組員（negative member）對小組的進程有不少負面影響，他可能不斷埋怨，專潑冷水，令小組變成一個牢騷大會。

組長可以三種方法面對：

1. 在組外與他傾談，了解他消極、抱怨背後的原因，作出一些疏解；2. 找一些較積極正向的組員，來平衡小組的氣氛；3. 可以於發問後，視線轉移到其他組員身上，減少他的發言機會。

抗拒者

若組員不是自願參加小組，他會容易有抗拒的反應。

不過，也有一些組員對小組不太習慣，便對小組產生抗拒，但不是對組長有抗拒，組長要分辨兩者。

給予抗拒者機會抒發內心忿怒的感受，有助減低抗拒的反應。

另外，可以邀請一些態度較正面的組員，在二人組合中帶動他作正面的分享。

如要邀請他在大組分享時，先徵詢他的意見，看他是否感到舒服。

沉默

我們要分辨組員沉默是因為正在進行一些內心反省，抑或是因為感到小組內容沉悶。2至3分鐘的沉默是可以接納的。

可在小組開始時，先進行一些熱身活動，有效減低沉默的情況出現。

打破沉默的方法有很多，組長可以透過發問、二人分組討論等方式，使組員進入有意義的討論中。

哭泣

組員哭泣可以是一件正面的事，組長可解釋因為組員之間有足夠的信任，所以他們會有情緒的表達。

組長可以詢問哭泣的組員是否願意進一步分享自己的傷痛。

當然，組長也要分辨，組員的哭泣是因正為一些痛苦的事情掙扎，抑或是想博取別人的同情。經常性哭泣以博取同情是不值得鼓勵的，可以在小組後才與他傾談。

當有組員處於哀傷中，組長要阻止組員發問不相關或離題的問題。

互相敵對的組員

在篩選組員進入小組時，可以問他們：「有沒有一些組員是你不想一同在小組內的？」因為互相敵對的組員，會將小組變成戰場。

若他們的敵對情況騷擾了小組的進行，可以將他們分開。鼓勵他們分辨，有時候不是所有人你都會喜歡，但仍然可以保持一個工作的關係，令共處成為一個正面的經歷。

能有效處理組員間的衝突，是小組進入更佳狀態的必經階段。

保母

保母主動照顧小組內大小事務及組員的需要，保母以照顧別人為自我肯定的來源，很多時會忽略自己的需要。

資料來源：Jacobs，2006，頁 374-392

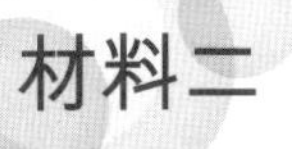

材料二

組員行為反應的卡通素描

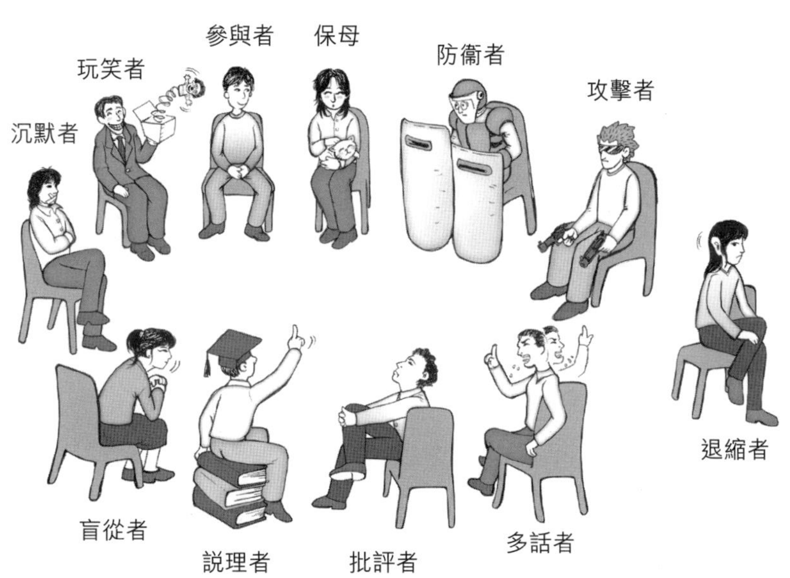

圖改畫自：徐西森，1997，頁 145

第七課

小組歷程：初期階段及小組規範的建立

引言

小組是一個有生命的羣體，由組成到解散有一定的歷程(group stages)。最多人引用的小組歷程是Tuckman(1965)提出的五個階段模式，他用了幾個發音相近的英文字作階段的名稱，易明易記，包括：forming, storming, norming, performing, adjourning。在參考資料部分，筆者會將Tuckman五個階段的特性，簡單翻譯作參考，給學習者一個鳥瞰的認識。

筆者在這幾課會以Corey的四個階段（初期、過渡、工作、最後）為藍本，並引述他整理的階段特徵、組員角色及組長相應任務，使學習者一目了然。訓練員可抽取當中的重點作短講用。

在Corey提出的每一個小組階段，筆者會選取其中一兩個重點作小組的主體習作，加深組員對此階段的認識及掌握。

流程

1. 訓練員邀請學習者分享他們從第一至七課的心路歷程，回想第一次開組時的心情、對組員的感覺等，將這些感覺與此時此地的作比較，可請三四位組員分享。
2. 訓練員介紹小組階段的特徵作回應。

3. 訓練員按Corey對初期階段的摘要【材料一】作講解。可以凸顯初期階段組員的焦慮擔心、氣氛客氣侷促、沉默時刻較多、依賴組長帶領等。

4. 訓練員可以概括解釋初期階段組長的任務，包括增進組員彼此認識、澄清小組及個人目標、創造安全、信任的關係讓組員互相了解。

5. 此課的重點是學習建立小組的規範（group norm），可以黃惠惠（1993）【材料二】簡單的描述帶動討論，讓組員認識建立小組規範的重要。

6. 訓練員可講述兩份小組規範的例子，一般性的（黃惠惠，1993）【材料三】及筆者為夫婦小組設計的。【材料四】

7. 進行小組習作。

8. 訓練員總結本課的學習重點。

小組習作

1. 第7號組員任組長。

2. 學習者為他們的小組計劃草擬一份小組規範。

3. 完成後向大組彙報。

4. 訓練員可與學習者一起檢視，這些規範與小組的對象、性質是否配合。

材料一

小組的初期階段摘要

階段特徵

小組的初期是導航及決定小組結構的階段。在這個階段：

1. 組員測試小組的氣氛並彼此逐漸認識。
2. 組員學習在小組內要有的行為，小組如何運作，及如何參與小組。
3. 組員冒險的意願很低，探索也只是試探性的。
4. 如果組員願意表達他們的感受及想法，小組的凝聚力及信任會慢慢建立。
5. 組員會關心他們是否被接受或排斥，並且開始為自己在小組中的地位定位。
6. 當組員測試個人的新感覺會否被小組接受時，負面的感覺可能會浮現。
7. 組員間的信任程度成為核心問題。
8. 常出現沉默及尷尬的時刻，組員也許會尋求組長引導，也不知道小組要如何發展。
9. 組員在這段時間內會決定誰可以信任、自己可以表白多少、小組有多安全、喜歡或不喜歡誰、要在小組投入多深等。

10. 組員學習尊重、同理心、接納、關懷，及反應等基本態度。這些態度會催化信任的建立。

組員的功能及可能出現的問題

在小組歷程初期，一些特別的小組角色及任務，對小組的發展非常重要：

1. 主動營造信任的氣氛。
2. 組員在小組互動時學習表達自己的感覺與思緒。
3. 願意表達與小組有關的恐懼、希望、關心、保留及期待的事。
4. 願意讓其他組員認識自己。
5. 參與制訂小組的規範。
6. 建立參與小組的個人及特殊的目標。
7. 學習基本的小組歷程知識，例：如何投入小組的互動。

這階段可能產生的問題如下：

1. 組員可能被動地等待他人分享、或組長帶動。
2. 組員可能將對小組的不信任與恐懼埋藏心底，加強自己的抗拒心理。
3. 有組員可能不願被人了解，組員難以進入有意義的互動。
4. 組員對其他組員的問題可能衝動地解決或提供建議。

組長的功能

在這個階段，組長的主要任務是：

1. 教導組員一些有助小組順利進展、組員積極參與小組的原則及方法。
2. 發展基本規則及制訂規範。
3. 教導組員小組的發展歷程。
4. 協助組員表達他們的恐懼與期待，並努力建立互信。
5. 向組員示範可以帶來小組成長的行為。
6. 對組員開放，並全心投入小組。
7. 澄清組員的責任。
8. 協助組員建立具體的個人目標。
9. 回應、澄清組員關心的事及問題。
10. 經營既不會增加組員依賴，也不會造成掙扎的小組結構。
11. 協助組員表達對在小組內發生的事的感想或感受。
12. 教導組員諸如主動地傾聽及反應等基本人際關係技巧。
13. 評估小組的需要，並以滿足這些需求的方式帶組。

資料來源：Corey，中文版，1998，頁 169-171

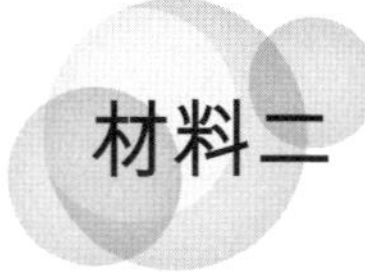

材料二

建立小組規範

小組規範是指小組組員行為的守則和標準，藉此促進彼此的互動關係。如果每位組員都私自決定如何行動，沒有人能夠預測其他人的行為，小組可能會一片混亂。小組規範使組員的行為有所依循，也知道別人的行為標準為何，能預測可能的行為，也能準備如何反應，如此能減低威脅感，增加安全感與信任。小組規範不僅規定應該遵守（該做）及禁止（不該做）什麼，它還包含評價的意味，破壞規範者常被小組羣體視為「壞」分子。所以小組規範是保障組員權益及小組運作的重要依據。

小組規範如何訂定？大部分規範是在第一、二次小組聚會中訂定，例如保密、準時、禁煙、不攻擊別人等；但有些則是在聚會期間隨時增訂。可由組員一起建議，一起訂定，或由組長提出最基本的規範，由組員討論、增刪而成。至於規範的內容，有些是基本的，如保密、準時、共用時間、傾聽、不作人身攻擊、不強迫別人做不想做的事、主動參與等，另有一些是因應不同的小組而異，如兒童小組，可能會增列不帶玩具、聚會時不吃東西；成人小組會增列不抽煙等……

資料來源：黃惠惠，1993，頁 77

材料三

小組規範示例

- 準時出席小組，若有事未克參加，應設法通知其他組員或組長。
- 分享小組羣體時間：小組是羣體的，時間共用，不宜獨佔。
- 保密：在小組內談到或發生的事，絕對不能向小組外的人提及，請尊重別人的私隱。
- 傾聽每個人的表達。
- 盡力坦誠表達自己所思、所感。
- 尊重每個人的選擇，自己決定要表露什麼、保留什麼。
- 每個人都有參與的權利，但也有不表達或不參與某活動的權利。
- 討論時就事論事，不作人身攻擊。
- 尊重別人的觀點與感受，不要堅持只有自己的才是對。
- 討論或表達時要與小組的此時此地有關。
- 溝通時儘量具體、清楚。

註：每個小組的性質、目標、對象不同，小組規範需靈活變通。

資料來源：黃惠惠，1993，頁319

材料四

夫婦小組指引

- 夫婦宜將小組時間放在較高的優先次序，每對出席的夫婦都同樣重要。
- 為了使每對夫婦都有安全的分享環境，分享內容絕對保密，未得當事人同意，不能向組外的人提及。
- 在小組內，要緊記不可分享一些令自己配偶感到尷尬的事情，這是對配偶的尊重。每對配偶都要發揮互助和彼此支援的功能。
- 小組的目的是彼此鼓勵，不希望組員有太多事情保留不分享，但分享的深淺則按自己感到適宜的程度。
- 小組是一個共用空間，所以組員的分享，應合理的精簡，不要壟斷所有分享時間，要讓每位組員都有分享的機會。
- 縱然有時遇到生活或夫妻間的困難，希望組員也能出席小組；困難只讓組長知道，組員會給予當事人足夠的空間。每位組員的出席對全體都十分重要。
- 組長不是輔導員，他們亦是有血有肉，有自己強處弱處的夫婦，在小組的角色是推動小組進程和關顧組員需要。每位組員也須珍惜組長的付出和給予支援。

- 歡迎各組員提供有用的資源和協助。
- 組員若在上帝裏有什麼見證和得着，別忘記跟其他組員分享，讓組員在上帝裏彼此感恩。（基督徒夫婦小組適用）

參考資料

延伸閱讀：小組發展的五個階段

階段 1：組成期（forming）

組成期，又稱創始階段，人與人之間關係的特點是依賴。組員依賴一些安全和樣式相似的行為，會遵從組長的領導和指示。組員渴望得到其他組員的接納，又會收集對其他組員的印象與資料，與自己的背景比較，希望確知在這個小組會否感到安全，作為將來小組生活的參考。小組內制訂的行為規則，目的都是為將事情簡化，或避免爭執。嚴肅的話題和感受都應儘量避免。

這時期，組員主要是想認識小組，包括了解小組任務和彼此認識。討論的重心包括認清任務的範圍，怎樣去應付它和相關事宜。要從這個階段，進到下一階段，每位組員都要離開自己的安舒區，並敢於面對衝突。

階段2：暴風期（storming）

Tuckman稱下一個階段為暴風期，又譯為艱困時期，人與人關係的特點牽涉到小組的任務層面。當組員嘗試去達成任務，競爭和衝突是無可避免的，衝突不一定是小組本身的問題。也反映在領導、組織、權力的衝突上，或出現在組員的行為上。每位組員也可能扭曲及重塑他們的感受、意見、態度及信念去迎合整個小組。因為組員「恐懼坦露」或「恐懼失敗」，所以會要求小組的運作更清晰、並渴求組員間有足夠的承諾（commitment）。會產生的問題包括：誰應當負責、規則是什麼、有什麼賞罰機制、及有什麼評估的標準。在這個階段，組員會出現不安的情緒，有些組員可能在其他組員想支配的時候，仍然保持沉默。

要進到下一階段，組員必須由「測試和證明」的心態轉移到解決問題的心態。最能幫助小組前進到下一個階段的，是整個羣體的聆聽能力。

階段3：一致期（norming）

在Tuckman的一致期，又稱凝聚階段，人與人之間關係的特點是凝聚力。組員留心確認其他組員的貢獻、努力建立羣體、解決小組的問題。組員樂意因其他組員提出的看法，改變他們先入為主的見解，以及積極地發問。當組員開始明白及確認對方，彼此的信任會加強小組的凝聚力。在小組發展的階段，組員體驗親密而安全的關係，感到不再拘束，人與人之間的衝突便能解決。組員會共同分擔小組的領導責任，如果之前小組內有小圈子，也會解散。

在這個階段，主要的任務是組員間資訊的傳遞：他們分享感受，查詢和給予別人意見，探究一些與任務有關的行動。這段時期組員有很強的創造力，如果他們透過資訊的分享產生凝聚力，互相影響的層面會更開放，分享的資訊不單在個人層面，會擴展到任務層面。他們會為自己是小組一個有效的分子而感到高興。

這個階段的主要缺點是組員可能有恐懼感，怕小組將來可能會分裂，現在和諧的關係不再。所以，組員會抗拒任何方面的改變。

階段 4：表現期（performing）

不一定所有小組也能達到表現／生產階段。如果組員有能力發展到第四個階段，一方面組員變得更肯定自我；另方面，他們之間關係的闊度和深度會更擴展，達到真正的互相依賴。他們可以獨立地工作，或者以一個小組合，甚至以整體為工作總單位。他們的角色和職權不斷改變，以配合組員或個人的需要。

這個階段的特色，是在個人關係上互相依賴和在任務領域上能解決問題。現在，小組一定是最具生產力的，組員的身分已經確定，士氣高昂；組員對小組有強烈的忠誠，願意真誠地解決問題，能引向最理想的解決辦法和小組發展，全面的目標是解決問題和在工作上有生產力。

階段 5：解散期（adjourning）

Tuckman的最後一個階段是解散，即結束階段，表示要結束任務和關係。一個有計劃的總結，包括確認組員的參與和成就，以及給予組員道別的機會。總結一個小組可能會帶來一些不快、一個小危機、令組員關係倒退。在這個階段，可以用一些幫助完結任務和分離的活動作為結束。

撮譯自：Tuckman，1965，頁 384-399

第八課

過渡階段的衝突、面質與抗拒的處理

流程

1. 訓練員以Corey的過渡階段摘要【材料一】，介紹這階段的特徵。這階段的組員關係充滿張力和衝突，也是最考驗組長的一個階段。
2. 本課主要處理過渡階段中經常要面對的三方面，包括衝突、面質和抗拒。
3. 訓練員先向大組作衝突處理的示範，面質與抗拒示範則由小組以角色扮演方式表達出來。我們先進入「大組衝突處理的示範」。【材料二】
4. 進行小組習作。

小組習作

1. 第8號組員任組長。
2. 小組的任務：分派小組習作材料甲或乙或丙，視乎小組的數目而定。若有兩組，則用甲和乙的材料便可，材料丙作後備。
3. 組長要帶動小組討論有關面質或抗拒處理的材料(「小組習作材料甲」)，充分掌握所指派的技巧項目，及例子背後的原則。
4. 組長要帶領小組設計一個示範性的角色扮演，將該項技巧在大組展示，之後大組一起作深入討論。

5. 訓練員可按小組角色扮演的內容，給予回應及技巧提示。

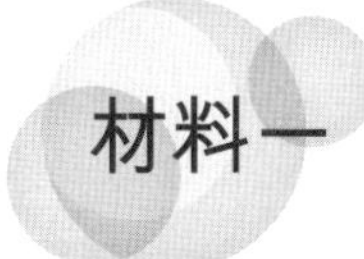

材料一

小組的過渡階段摘要

特徵

小組在過渡階段的特色是，組員會有焦慮及防衛，也會以不同形式抗拒。

- 如果組員的自我醒覺增加，會關心自己如何看待自己，並且擔心別人是否接納或拒絕他們。
- 測試組長及組員，以了解小組環境有多安全。
- 在想要保持安全及冒險投入間掙扎。
- 體驗為爭奪權力與控制的掙扎，和組員或組長發生衝突。
- 觀察組長是否值得信賴。
- 學習如何表達自己，使別人願意傾聽。

組員的功能與可能出現的問題

此時組員的主要角色是辨識並處理各種形式的抗拒。一些任務如：

- 辨識並表達任何負面的感覺。
- 尊重組員表現的抗拒行為，但須加以處理。
- 從依賴組長邁向獨立。
- 以建設性的方式與別人面質。
- 願意面對及處理小組中有事發生後的反應。
- 願意處理衝突，而不是逃避。

此時一些組員可能產生的問題如下：

- 有些組員可能會依據「問題類型」被分類，或他們會自我標籤，因而限制自己的行為和表達。
- 有些組員可能拒絕表達自己的負面感覺，造成小組內不信任的氣氛。
- 如果面質處理得不當，組員可能會退縮、防衛，問題只會被隱藏起來。

組長的功能

在過渡階段組長面臨的主要挑戰是，必須以敏鋭與適時的方式介入小組，主要的任務是為組員提供必要的鼓勵與挑戰，讓他們面對、解決發生於小組中的衝突與負面感情，以及源自組員焦慮而產生的防衛與抗拒。小組必須從衝突、面質的階段邁向有效溝通的階段。為了面對這個挑戰，組長有以下任務：

- 教導組員充分辨識及處理衝突情境的價值。
- 協助組員辨識他們的防衛模式。
- 教導組員尊重抗拒，並且建設性地處理。
- 向組員示範如何直接、圓融地處理個人或對其專業的挑戰。
- 避免將組員「標籤化」，學習如何了解某些問題行為。
- 協助組員變得自主及獨立。
- 鼓勵組員表達對此時此地在聚會中發生的事的反應。

資料來源：Corey，中文版，1998，頁 169-171

舉例：這階段好像一個人進入輔導的過程一樣，難免會有一些內在的不情願（reluctance），怕自己流露的真我，是否得到別人接納。所以他會測試組長是否有能力主持大局及保護自己。另一方面，他也會有一些組員互動帶來的抗拒感（resistance），當其他組員也有一些試探性行為或自我防衛的表現，例如否認真實的情感或將問題投射在他人身上，彼此便會因抗拒對方的性格或行為而產生衝突。所謂不打不相識，組長若能處理這些過渡期的行為，組員便可以進入工作階段。

材料二

大組衝突處理示範

1. 訓練員可運用Corey（中文版，1998）處理衝突的例子作角色扮演及示範。節錄如下：

2. 先選四位組員分別扮演組員甲、乙、丙、丁的角色，訓練員任組長。

3. 組員按以下劇本對話：

> 組員甲表達出對小組的不滿：「有些人從來不說話。」
>
> 組員乙馬上防衛式地回答：「並非每個人都像你一樣愛講話。」
>
> 組員丙也諷刺地說：「嗯，甲，你說這麼多話，害我連開口說話的機會都沒有。」
>
> 組員丁說：「我希望你們對彼此好一點，不要再爭吵了。這樣做對我們沒有什麼好處。」

4. 訓練員先示範一些無效的介入，如以下對白：

> 組長無效的介入：「丁，我同意你，我希望大家停止爭吵！」
>
> 或「甲，你說的很對，這裏有太多人把自己藏起來。我希望大家能像你一樣冒險。」諸如此類的話會增加組員的防

衞及抗拒。

5. 訓練員向大組的「觀眾」提問，組長這類介入會帶來什麼不良效果，並公開作一些技巧的討論。

6. 之後，訓練員可示範正面處理衝突的提問，如下：

如果組長洞悉組員言語間的含義，便可有效處理衝突：「我同意你，丁，眼前我們沒有什麼進展。但我不想大家停止談論，因為我們必須深入了解這一切代表什麼意義。」

組長轉向甲說：「你對這些反應有什麼感覺？你特別想聽誰的意見？當大家都不説話時，你有什麼感受？你想像這些人可能會對你有什麼看法？」

請扮演組員甲的組員，回答這些問題，然後，訓練員慢慢引導組員甲冒險説出心底話，最終能達致以下衝突處理的後果。

衝突處理的效果

組員甲最初的話對小組整體是富防衛性及責備的，而其他組員也以防衛式回答。如果組長把焦點放在甲與小組相處的困難上，讓她指明受不了哪一位組員的沉默，她讓大家知道她害怕當別人什麼話都不説時，不知道他們會怎樣評斷她，而且她也很想知道別人對她的看法。如此一來，這個衝突就有了解決之道。甲一開始就把她的憂慮說出來，也許這個衝突發生的機會就減少了。

舉例來說，她可以向組員丙說：「我注意到你很安靜，我常常想你會怎樣看我。當你不說話時，我很不安，因為我很想知道你想說什麼。」

對於丙心裏在想什麼，這樣的話會比責備的話，較能引起精準的反應。對組長而言，不要切斷衝突，反而要幫助組員將情感及想法更直接地表達。

小組內的衝突及忿怒被處理及表達後，小組的凝聚力通常會增加。因為抒發這些情感是測試小組內自由與可信度的一種方式。組員認識到小組是可以公開表達不同意見的安全地方，即使表達他們強烈的感覺，也會被接受。當小組的衝突被處理後，組員便知道他們的關係足以讓彼此坦誠表達。

例子改寫自：Corey，中文版，1998，頁 179-181

【小組習作材料甲】面質的原則及例子

原則

- 組員及組長必須知道他們為何面質。
- 面質不是探討一個人該是誰或該是怎樣的人的教條式敍述。
- 如果面質時先告知被面質的人，他這樣做會對別人有何影響，而不是要「標籤」及判斷對方，他可能會減少防衛的心態。
- 有效的面質不是要把一個人定型歸類，乃是針對對方某些可觀察的行為。
- 面質目的之一，是發展與別人更親近與真誠的關係。
- 敏鋭的感受是有效面質的一個重要因素。對向別人面質的人而言，應嘗試想像自己是被面質的人，在接受面質時會有什麼感受。
- 面質時，應給予對方在回應前有機會思考一下。
- 向別人面質的人，在面質前，應該先問問自己，是否願意做自己要求別人做的事。

例子

為了使面質的問題更具體，可參考以下例子。

1. 無效：「你總是評斷人，你總是使我覺得無能。」

有效：「你讓我覺得不自在，因為我怕你對我的看法。你的意見對我很重要。我不喜歡和你在一起時感到自己很無能。」

2. 無效：「你好虛假，你總是微笑，但好像不是真心的。」

有效：「我覺得很難信任你，因為當你說自己生氣時，竟面帶笑容。這使我覺得很難和你接近。」

3. 無效：「你在小組根本沒有什麼進展，只是坐在那裏觀察而已。我們對你而言，不過是有趣的實例。」

有效：「我想認識你。我對你的感受及想法有興趣，有時候我擔心你只是把我當作一個有趣的實例而已。我希望改變對你的感覺。」

4. 無效：「如果我是你丈夫，我會離開你。你心中充滿仇恨，會破壞任何關係。」

有效：「我覺得要和你開誠布公很難。許多你說的話深深傷害我，令我想還擊。對我而言，要和你建立密切關係，非常困難。」

5. 無效：「(對方哭泣) 你不過是博同情罷了。」

有效：「當你哭的時候，我很困擾；因為對我而言，不知如何跟你認同。我想多跟你談談。」

例子改寫自：Corey，中文版，1998，頁 200-204

【小組習作材料乙】處理抗拒的方法及例子

組長在面對組員抗拒時，可以鼓勵組員多表達心裏的想法。以下是一些開放性的問題，都是出自組員提供的線索，以邀請的方式引導組員回答，不致繼續抗拒。

1. 組員：「我不知道。」

組長：「假設你知道。」

「假如你知道，你會怎樣說？」

「你知道什麼？」

「當你看着我及小組中的其他組員，你注意到什麼？」

「說出你心裏想到的話。」

2. 組員（在角色扮演中）:「我不知道該跟我爸爸說什麼。」

組長：「這就是一個好話題，告訴他。」

「如果這是你最後一次跟他講話，你想跟他說什麼呢？」

「如果你是你父親，你怕你的兒子會說什麼？」

「告訴你父親什麼事情使你無法跟他講話。」

3. 組員：「我不想待在這裏。」

組長：「你寧願待在哪裏？」

「什麼事，或誰請你來這裏？」

「你現在是在『這裏』，所以你怎樣才能得到最多？」

「什麼事使你覺得待在這裏很困難？」

「如果你今天不想來，為什麼你在這裏？」

4. 組員：「我對其他組員的忿怒感到很不舒服。」

組長：「向生氣的人說他們怎樣影響你。」

「當你表達生活中的忿怒時，會發生什麼事？」

一些可以讓組員完成的句子如：

「我怕這樣生氣，因為……」

「當你向我生氣時，我……」

「我害怕你的忿怒，因為……」

「當我看到有人忿怒，我想……」

5. 組員：「我覺得我的問題不重要。」

組長：「你認為哪些問題更重要呢？」

「如果你不把你的問題與其他人比較，你會告訴我們有關你的什麼事？」

「你聽了這麼多的問題，有什麼感覺？」

「告訴我們你認為不重要的問題之一。」

6. 組員（一直覺得和小組其他組員很親近）：「我害怕這種親近感，因為我知道它無法持久。」

組長：「你做了什麼事情使你與別人親近？」

「告訴一些人，和他們保持親近，會讓你害怕什麼？」

「如果人們不再覺得與你親近，會怎樣呢？」

「說一件使你無法保持你感受過的親近的事。」

「如果情況沒有改變，你會怎樣呢？」

「告訴我們，為什麼要把自己孤立起來？」

資料來源：Corey，中文版，1998，頁 200-204

【小組習作材料丙】回饋的指標

回饋是對別人行為的一種反應，它可以讓對方更了解自己，使個人知道自己的行為和意圖是否配合，甚至考慮改變自己的行為。黃惠惠引述 David W. Johnson（1972）介紹回饋時的注意事項：

回饋宜

- 針對行為而非個人。
- 着重於觀察而非推論。
- 着重於行為描述而非主觀判斷。
- 針對特殊情況中的行為及此時此地的行為，而非針對抽象的念頭或其他時候發生的行為。
- 作概念與資訊分享而非給予建議。
- 作為對事情選擇性的探討而非解答。
- 內容是一些對接受者有價值的觀點，而非滿足回饋者個人喜好。

- 着眼於回饋中所説的事情而非回饋的理由。
- 內容要適時適地，才對接受者有助益。

資料來源：黃惠惠，1993，頁320

舉例，有一位組員A君在上一次小組缺席，其中一位組員B君，給予A君適當的回饋是：

B君：「我覺得你不重視我們的小組。」

這明顯是一種主觀的判斷和推論，這會令A君感到被拒絕。此時，組長應介入，提示在未清楚A君缺席原因之前，不應妄下判斷A君的為人。組長可邀請另一位作回應，例如較佳的回應是：

C君：「我見你上一次小組沒有出席（行為指述），我一方面擔心你（個人感受的分享），會失卻一些小組重要的學習，也想了解你未能出席的原因（探討性問題）？」

第九課

工作階段及小組的自我檢視

流程

1. Corey的工作階段，也是Tuckman指的表現期（performing），就是小組發揮功效的階段。

2. Corey（1998）總結了這階段小組的表現，訓練員可以短講形式分享這些特徵。【材料一】

3. 訓練員也可以簡單強調在這階段組長的主要功能。【材料二】

4. 進行小組習作。

5. 訓練員提示下次是最後一次課堂，除小組要彙報外，鼓勵學習者回顧整理這九課的學習心得，在下堂分享。

小組習作

1. 第 9號組員任組長（8人小組者選組員自願任組長）。

2. 小組已到第 9次，組員亦努力完成自己的小組計劃，相信當中也會「擦出不少火花」。

3. 今次小組分享不再是一些任務性的分享，組長帶動組員檢視己組的情況，用【材料一】作反省的方向、回顧及檢討。

4. 小組設一名觀察員，因為是課程的尾聲，組長對帶組的技巧應該有較全面的掌握，所以，觀察員對組長作全面的觀察，以【工作紙】記錄。

5. 小組分享30至40分鐘。

6. 觀察員回應，並搜集組員意見。

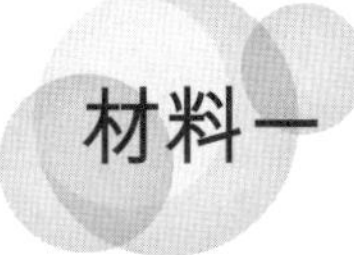

材料一

有效小組的特點

- 組員信任各組員及組長，或至少能公開表達缺乏信任。透過分享此時此地有意義的反應，來表達他們願意冒險。
- 目標明確，並且由組員及組長一起決定，引導小組實現這些目標。
- 多數的組員有參與感，被排斥的組員也受邀變得主動。
- 多數組員間的溝通是開放的，而且能準確表達自己的體驗。
- 組員直接、即時交談他們的經驗。
- 組長的功能由小組分擔，組員能自由地發起活動或建議探索新的領域。
- 組員願意冒險表白重要的私人資料，能互相了解。
- 凝聚力高，組員間有一種分享共同經驗的親密情感，彼此認同。組員的親密感及支援，讓組員願意冒險在小組試驗新行為。

- 小組可以辨識及討論組員間或與組長的衝突，並且通常能解決得到。
- 組員承擔責任，決定他們要採取什麼行動來解決問題。
- 毫無防衛地接受或給予彼此回饋，願意認真反省回饋的精確性。
- 組員覺得在小組有望得到建設性的改變，變成他們希望成為的人。
- 面質進行的方式是，面質者與被面質的人分享他們的反應。面質被視為檢視個人行為的挑戰，而非一種無情的攻擊。
- 組員的溝通直接且清楚，對彼此感興趣。
- 組員覺得參與小組得力，並且與別人分享這種力量。
- 對於小組歷程有醒覺，組員知道可以怎樣使小組有效或無效地運作。
- 鼓勵多樣性，尊重組員個別及文化的差異。
- 由組員及組長合作發展小組規範，規範非常清楚，並且是為了協助組員達成目標而設計的。
- 組員願意傾訴及表達情感，也會思考不同情緒經驗所代表的意義。
- 組員願意花小組以外的時間處理小組中發生的問題。

資料來源：Corey，中文版，1998，頁 230-233

在這階段，最常聽到組員的回應或對話，包括：

「我覺得自己愈來愈有team spirit！」

「Peter，我多謝你的意見，我雖然不會完全接收，我會好好思想，但你的善意是我欣賞的。」

「我為Mary能突破自己的限制而高興。」

「我們好像花了不少時間在這議題上，不如先停下來，看是否有更重要的事，是我們忽略了的。」

材料二

小組工作階段摘要

組長的功能

- 能示範小組內適宜的行為，尤其帶着關懷的面質，及表白對小組的感受。
- 平衡支援與面質。
- 支援組員願意冒險的意願，並且協助他們把這種精神帶入日常生活。
- 在適當的時候解釋組員行為模式背後的意義，好讓該組員可以有較深程度的自我探索，並且考慮其他取代的行為。例如：如果有組員懼怕上司，組長可提出怕面對上司是因為對權威人士的恐懼，這或許與過去經歷有關。

- 協助組員注意，並要求組員對小組有期望。
- 探討具有普遍性（universality）的共同主題，並且把一個或更多的組員與小組中其他組員的工作連結起來。例如：不少組員都與自己父親有不同面貌的情意結，可以將他們的問題，串連起來分享或處理。
- 鼓勵組員練習新的技巧，幫助組員從小組中獲得的洞見（insight）轉化成具體行動。
- 促進小組的凝聚力。
- 強化及發展小組的規範。
- 注意帶來小組改變的因素，並且協助組員作情緒、意志、思想及行動上的改變。

資料來源：Corey，中文版，1998，頁 264

工作紙

組員對組長表現的回應表

以下的量表幫助組員對組長的表現有深入的了解。在下表中，用五個等級代表五種不同的同意程度，請組員每項選一個。

小組組長：（姓名）______________________

	非常不同意	不同意	沒有意見	同意	非常同意
1. 組長對於組員和他們的問題表示了解。	□	□	□	□	□
2. 組長會鼓勵組員說出心中特別的問題和感受。	□	□	□	□	□
3. 當小組出現有人操縱場面時，組長能夠及時阻止。	□	□	□	□	□
4. 組長能夠注意到那些不發言的人，並且引導他們表達己見。	□	□	□	□	□
5. 組長對於那些不發言的人，表現出尊重的態度。	□	□	□	□	□
6. 組長表現出適當的反應行為，譬如：澄清、簡述語意、反映情感、總結等。	□	□	□	□	□

	非常不同意	不同意	沒有意見	同意	非常同意
7. 組長能夠幫助整個小組設定目標、找出討論方向、確定討論主體及討論態度等。	□	□	□	□	□
8. 組長用行動或在態度上表現對組員的關心。	□	□	□	□	□
9. 組長仔細傾聽且能體會組員感受。	□	□	□	□	□
10. 組長經常表現緊張和憂慮。	□	□	□	□	□
11. 當組員作感性的分享時，組長能給予鼓勵。	□	□	□	□	□
12. 當有組員遲到，組長會生氣。	□	□	□	□	□
13. 對於組員言行不一的事情，組長能夠立刻指出。	□	□	□	□	□
14. 在組員沒有明說的情況下，組長能夠洞察他們真實的情感。	□	□	□	□	□
15. 組長能夠真誠及開放地表露自我的感情。	□	□	□	□	□
16. 組長能向組員分享自己的經驗。	□	□	□	□	□
17. 組長協助組員感到自己是個有潛能的人。	□	□	□	□	□
18. 組長能夠說出他對組員的看法，這種看法與組員的自我概念不同。	□	□	□	□	□
19. 組長鼓勵組員講出他們的目標及計劃。	□	□	□	□	□
20. 組長自然地向組員表達關心。	□	□	□	□	□

	非常不同意	不同意	沒有意見	同意	非常同意
21. 組長要求組員共同分享自我的感覺。	□	□	□	□	□
22. 當牽涉到組員所關心的問題時，組長能表達自己的價值觀及概念，與大家一同探討。	□	□	□	□	□
23. 組長能真誠地表露自我。	□	□	□	□	□
24. 綜合以上所説，我覺得組長是： ❶很具破壞性的人物；❷既沒有破壞性，對組員也沒有幫助；❸對組員有一點幫助；❹給予組員很大幫助。	（請填左列項數）				
25. 如果一位很要好的朋友，問我對這個小組的看法，我會： ❶不推薦它；❷有保留地推薦；❸推薦；❹非常熱切的推薦。	（請填左列項數）				
26. 其他對組長的意見：					

____

____

____

資料來源：徐西森，1997，頁 245-246

第十課

結束及功課彙報

流程

1. 訓練員要指出這是最後一課，在結束階段，組員間會感到依依不捨，訓練員也可以表達小組將要結束的感受。

2. 訓練員透過這課的內容，示範結束小組時要處理的任務，包括：

   - 處理離別的情緒；
   - 整理學習的成果；
   - 將所學的應用到帶領小組上；
   - 彼此回饋和勉勵祝福；
   - 課程評估。

3. 本課以約 1 小時作小組彙報，每組將他們的小組計劃，作重點報告，除了計劃內容外，也鼓勵他們報告做計劃時所經歷的小組歷程／階段，他們對這小組的感受和評估。訓練員要靈活運用時間，若有兩組作彙報，則每組可有半小時。若三組彙報，可彈性給予每組 20 至 25 分鐘。每組報告後，訓練員可作一些回應及討論。

4. 小組結束分享：彙報後餘下的時間，給每組再有小組分享的機會。今次不設組長，組員共同帶領。分享內容圍繞課程的學習成果，以及彼此回饋。組員看到彼此進步及欣賞的地方，並看到其他組員的學習。

訓練員可以提示組員的學習成果，是否與Yalom的小組改變因素（第四課）有關，也可鼓勵組員分享對小組不捨的感受。

5. 大組總結：預備15分鐘作為大組總結，鼓勵每位組員輪流分享以下兩方面的內容：

- 10堂內最深刻的學習；
- 如何應用所學在將來的小組帶領上。

最後，全體學習者都向課程及訓練員表達回應。【工作紙】

可以一些儀式如擁抱，握手或 give me five（擊掌），作為整體課程的結束。

工作紙

評估表

出席率：☐ 100%　☐ 80%　☐ 50%　☐不足 50%

請用☑表示程度

1. 你對本課程是否有清晰的期望？	很清晰	_ _ _ _ _ _	不清晰	☐不適用
2. 本課程是否符合你的期望？	很符合	_ _ _ _ _ _	不符合	☐不適用
3. 課程內容是否符合所定的課程目的和綱要？	很符合	_ _ _ _ _ _	不符合	☐不適用
4. 組員在課堂中參與討論的機會	極多	_ _ _ _ _ _	極少	☐不適用
5. 課程深淺程度	極深	_ _ _ _ _ _	極淺	☐不適用
6. 小組習作是否有助學習？	很有幫助	_ _ _ _ _ _	幫助不大	☐不適用
7. 訓練員講授是否清晰？	很清晰	_ _ _ _ _ _	不清晰	☐不適用
8. 訓練員對組員的幫助及指導	極足夠	_ _ _ _ _ _	不足夠	☐不適用
9. 能否引發組員對本課程的興趣？	很能夠	_ _ _ _ _ _	不能夠	☐不適用
10. 材料及參考資料是否配合課程？	很配合	_ _ _ _ _ _	不配合	☐不適用

11. 本課程有什麼值得欣賞之處？請列出一項你最欣賞的。

12. 本課程有什麼須改善之處？請列出一項你感到最須要改善的。

小組書目

英文著作

Burlingame, G.M., Mackenzie, K.R., & Strauss, B. (2004). Small-group treatment: Evidence for effectiveness and mechanisms of change. In M.J. Lambert, A.E. Bergin, & S.L.Garfield(Eds.), *Bergin and Garfield's Handbook of Psychotherapy and Behavior Change* (5th ed., pp. 647-696). New York: Wiley.

Capuzzi, D., & Gross, D. R. (Eds.) (2001). *Introduction to Group Counseling (2nd ed.).* Denver, CO: Love.

Corey, G. (2000). *Student Manual for Theory and Practice of Group Counseling (5th ed.).* Pacific Grove, CA: Brooks/Cole.

Corey, G. (2008). *Theory and Practice of Group Counseling (7th ed.).* Pacific Grove, CA: Brooks/Cole.

Corey, G., & Corey, M. (2006). *Group: Process and Practice*. Pacific Grove, CA: Brooks/Cole.

Gladding, S. (2002). *Group Work: A Counseling Specialty (4th ed.).* Englewood Cliffs, NJ: Prentice-Hall.

Jacobs, E.E., Harvill, R.L., & Masson, R.L. (2006). *Groups Counseling: Strategies and Skills (5th ed.).* Pacific Groves, CA: Brooks/Cole.

Johnson, D. W. (1972). *Reaching Out: Interpersonal Effectiveness and Self-actualization.* Englewood Cliffs, NJ: Prentice-Hall.

Johnson, D. W., & Frank P. J. (1987). *Joining Together: Group Theory and Group Skills.* Englewod Cliffs, NJ: Prentice-Hall.

Tuckman, B. (1965). Developmental sequence in small groups. *Psychological Bulletin,* 63, pp. 384-399.

Yalom, I. D. (1995). *The Theory and Practice of Group Psychotherapy (4th ed.).* New York: Basic Books.

中文著作

吳蘭玉（1990）:《小組動力》。香港：證道出版社。

王利民（1992）:《細胞小組組長訓練手冊》。香港：高接觸有限公司。

史蒂夫・巴克等（Steve Barker et. al.）著，臧玉芝譯（1992）:《你也能帶領小組》。台北：校園書房出版社。

Corey, G. 著，莊靜雯、吳健豪等譯（1993）:《團體諮商的理論與實施》（英文原著：*Theory & Practice of Group Counseling*）。台北：學富文化事業有限公司。

林孟平（1993）:《小組輔導與心理治療》。香港：商務印書館。

黃孝亮（1993）:《聯結與建造——教會的小組事工》。台北：校園書房出版社。

黃惠惠（1993）:《團體輔導工作概論》。台北：張老師出版社。

王利民（1994）:《細胞小組教會面面觀》。香港：高接觸有限公司。

羅祖澄（1994）:《小組手冊》。香港：卓越書樓。

李樂夫（1995）:《細胞小組教會組長手冊》。香港：高接觸有限公司。

李樂夫（1995）:《細胞小組教會叢書——樹立新小組》。香港：高接觸有限公司。

莊文生（1995）:《羣體動力——小組溝通手冊》。台北：天恩出版社。

王慧君等編著（1996）:《團體領導者訓練實務》。台北：張老師文化。

吳武典等編著（1996）:《團體輔導》。台北：國立空中大學。

徐西森（1997）:《團體動力與團體輔導》。台北：心理出版社有限公司。

梁廷益（1997）:《細胞小組——破冰遊戲大全（一）》。香港：沙田浸信會。

Corey, M. & Corey, G. 著，蔡中理譯（1998）:《團體診療歷程與實務》（英文原著：*Groups Process and Practice (4th ed.)*）。台北：五南圖書出版公司。

林漢星（1998）:《建立小組的祕訣》。香港：福音證主協會。

梁廷益（1998）:《細胞小組教會組長指南（上）——理論篇》。香港：沙田浸信會。

梁廷益（1999）:《細胞小組——破冰遊戲大全（二）》。香港：沙田浸信會。

吳庭樑（1999）:《小組 DNA》。香港：福音證主協會。

李錦洪（2007）:《溝通演說 26 式——從 A 至 Z 教你說得好》。香港：突破出版社。

鄧淑英、麥淑華（2015）:《成長體驗 Debriefing》（增訂版）。香港：突破出版社。

附錄

組長訓練示範

附錄一　成長小組計劃書

編按：附錄一為作者於中國宣道神學院，教授小組帶領技巧時，學員提交的小組計劃，附錄作為撰寫小組計劃的參考。

小組類型為成長小組，使用區祥江：《生命軌迹——13個助人自助的成長關鍵（增訂版）》（香港：突破出版社，2008）第一至四章的理論框架及內容練習作為小組內容基礎。

計劃書作者：梁倩玲、陳紫儀、傅清蘭、鄭國光、廖美玲、鄺耀明、謝伯聰、崔靜文、焦麗容。

成長小組計劃書目錄

甲　小組目的及理念

乙　小組籌劃

丙　小組階段

丁　小組內容

　　一　彼此認識

　　二　講故事與成長（1）

　　三　講故事與成長（2）

　　四　認識過去的情緒

　　五　清理未了結的帳（1）

　　六　清理未了結的帳（2）

　　七　現在的我——人生的任務（1）

　　八　現在的我——人生的任務（2）

　　九　將來的展望（1）

　　十　將來的展望（2）：過渡期的三個階段

　　十一　回顧與感恩

戊　附件 1 - 3

己　書目

評語

甲 小組目的及理念

小組目的

透過重整過去的成長經歷幫助個人認識及接納自己，從而提升自我成長的動力和潛能。

小組理念

對於喜歡獨自旅遊探險的人來說，地圖是不可少的；要從一個地方到另一個陌生的地方，若果沒有地圖指引，旅遊人士一般不敢輕率前行。同樣地，人生旅途如果沒有一個藍圖，恐怕會走許多冤枉路，當中可能還要承受一些難以想像的痛苦。

人生藍圖之一——時間隧道中的我

人生本是一趟旅程，如果簡簡單單地往前走，不用受過去的影響，我們就很容易努力面前。然而人既可活在當下，也要展望將來，又會不時回憶過去。那麼我們該如何面對過去、現在和將來呢？會否有一個時間上的人生藍圖讓我們略窺全貌，明白當中的意義；並且未雨綢繆，及時作出正確的選擇？這個成長小組之目的就是讓組員明白一些成長的竅門，使生命活得更美好。要緊是將生命中的過去、現在和將來整合成一個整體，才不致單單受當下的轉變所影響，明白無論是過去、現在或將來，都是同一個我。

為使生命達到成長和自我整合，我們要把握三方面的成長契機：

1. 面對過去

- 講故事與成長：總結過去，整理出一個完整的人生歷史。
- 清理未了結的帳：人生在世，總有一些遺憾的事，若然未能作出處理，會影響今天的你。清理之後，就能活得更自然。

2. 面對現在

掌握發展任務：人生每個階段都會有某些任務要完成，我們要學習認識這些任務，在過程中或完成之後，我們會因此感到穩妥，看到自己走在正確的人生路上。

3. 面對將來

從過渡期中成長：人生中有許多大大小小的過渡期，過渡期中我們所要經歷的是什麼呢？如何由一個階段順利過渡到另一個階段，又如何面對剛過去的階段、現在和將來呢？

總結

以上是時間隧道中的人生藍圖概略，也是開展這個成長小組背後的理念。盼望藉此使我們的生命成長得更健康。

乙　小組籌劃

目標

透過重整過去的成長經歷，幫助組員認識及接納自己，從而提升自我成長的動力和潛能。

對象

- 28至38歲職青（未婚）。
- 組員為同一性別，當談及一些較深入的問題時，可以更坦誠。
- 一些職青的團體如青少年中心、教會團契中渴望成長及願意開放自己的朋友。

人數： 6人

次數： 11次

時間： 每月兩次（隔週進行）

每次兩小時

地點： 一處安靜舒適的小組房間

由於小組以成長為主題，期望組員渴望個人生命成長。為讓組員互相配合得宜，產生積極的果效，故此須要甄選。

選擇28至38歲職青是因為他們稍有人生經驗，仍有進步空間；期望組員參加小組後，在往後人生路有更大的發揮。選擇未婚可免去婚姻背後的複雜性，在處理人際關係上較為簡單。

小組人數定為6人，彼此較容易建立關係，也有較多機會給各組員分享。由於組員是從同一團體中甄選出來，彼此已有基本的認識和關係，每月兩次有規律地舉行，為期5個月，相信可以讓組員建立更深入關係及達到小組果效。地點選取的原則，主要是讓組員感覺安全穩定。

丙 小組階段

籌劃階段

- 組長設定小組目標、人數、時間等……
- 組長物色約見組員。

創始階段（第 1-2 次）

- 定下目標及規則規範。
- 組員彼此認識，建立友誼。
- 組長細心觀察各組員，也小心謹慎保護自己。
- 組員可能很安靜，氣氛較為侷促不安。
- 對問題作理性化的討論，未有個人化分享。

艱困階段（第 3-4 次）

- 組員間可能會出現性格不合、個人主義、互相批評，甚至產生敵意。
- 有組員會感到抗拒、沮喪、焦慮等……
- 組員測試彼此親密程度，來釐定個人分享深淺。
- 矛盾出現於組員間，或組員與組長間。

凝聚階段（第 5-6 次）

- 組員士氣增加。
- 組員間彼此信任和尊重，有分享和溝通。
- 對組長和小組認同。
- 組員對活動、小組過程投入。
- 小組常規及親密關係出現。

生產階段（第 7-8 次）

- 組員彼此接納各人問題，也互相幫忙解決。
- 組員對小組有更多委身，更多深入分享。
- 組員關係密切，彼此有評估與討論。
- 組員自由作抉擇，感到自在安全。
- 組員不時改變自己的角色，以強化小組功能。

結束階段（第 9-11次）

- 組員知道將要面對小組完結而傷感。
- 組員可能分享過去在小組內開心和有意義的經驗，以處理自己的情緒。
- 組員彼此提醒各人當前和過去的差異，肯定小組對各人的改變價值。
- 組員將所得的領悟和學習付諸行動，並延伸到日常生活，學習在沒有小組支持下，繼續應用所學。
- 組員表達對小組結束的感受及彼此表示感謝。

丁 小組內容

一 *彼此認識*

目的：彼此認識、講解小組規則。

組長的責任

1. 介紹組員互相認識，組員與組長初步認識。
2. 重申舉辦小組的目的。
3. 強調保密的重要，要求組員嚴格遵守。
4. 協助組員表達個人對小組的感受，了解組員過去的小組經歷。

5. 説明組員的責任，及他們在小組內應有的言行。

6. 鼓勵組員間的互動。

組員的責任

1. 準時出席（縱然遇到困難仍努力嘗試出席）。

2. 為了專心開組，請關掉手提電話。

3. 分享內容絕對保密，組員嚴格遵守。

4. 彼此關顧、珍惜和支持。

5. 開放自己、彼此分享。

6. 小組乃彼此共享的空間，鼓勵先聆聽、後分享。

7. 分享當合理地精簡、讓每位組員有分享的機會。

8. 分享以能彼此鼓勵和學習為主。

9. 歡迎向組員及小組提供有用的資源和幫助，彼此扶持，在小組裏一起成長。

10. 按時完成指定習作。

小組流程

時間	內容
05 min	**破冰遊戲**：打傻瓜 一名組員手拿紙棒敲打另一名組員的頭，如被敲打的組員及時呼叫另一組員的名字就可免被打，讓組員熟悉彼此名字。
30 min	**介紹**小組的目的、期望、責任，分享過往參與小組的經驗和感受，好讓組員加深對彼此的認識、建立尊重、真誠和互信的氣氛。
10 min	**短講**：〈成長的藍圖 —— 時間隧道中的我〉 讓組員對個人成長的過程有初部認識和了解。
10 min	休息
35 min	**想一想** 用一種水果形容自己的過去（解釋和分享過去的經歷），期望組員能達到初步的自我認識和增強自覺能力。
15 min	聚會結束前邀請組員**分享一些感恩事項**，以增進組員間的支持和關懷。
05 min	**習作**：生命線 在一條代表年齡的線上填寫個人人生大事。

短講取自《生命軌迹》頁 17-18
習作取自《生命軌迹》頁 42-43

二　講故事與成長（1）

目的

1. 透過分享生命線，提升組員對自我的認識，並了解過去的事對個人生命的影響。

2. 教導及邀請組員就各人分享，作出適切的回應。

小組流程

15min	鼓勵組員講述生命中一件感恩的事作熱身。
10min	**文章分享**：〈過去：講故事與成長〉 透過文章分享，讓組員認識分享生命故事如何加強個人對自我的認識，鼓勵並教導組員作出適切回應。
60min	**分享生命線** 組員根據上次的生命線習作，分享三項對個人生命影響最深的經驗。 **組員回應** 鼓勵組員先寫下回應內容，然後逐一讀出。 *2位組員分享，每人約20分鐘，分享後，其他組員即時回應，回應時間約10分鐘*

10 min	休息
30 min	繼續**「分享生命線」與回應**
	1位組員分享，形式如上
05 min	為分享的組員作總結及鼓勵。

文章取自《生命軌迹》第一章

三　*講故事與成長（2）*

目的

1. 透過「分享生命線」，提升組員對自我的認識，並了解過去的事對個人生命的影響。
2. 鼓勵組員就各人分享作出適切回應，加強小組內的互動。

小組流程

15 min	**熱身活動**
	用「情緒溫度計」了解組員過去一星期及當天的狀況。
60 min	**分享生命線**
	根據生命線習作，分享三項對個人生命影響最深的經驗。

組員回應

鼓勵組員先寫下回應內容，然後逐一讀出。

2位組員分享，每人約20分鐘，分享後，其他組員即時回應，回應時間約10分鐘

10 min 休息

30 min 繼續「**分享生命線**」**與回應**

1位組員分享，形式如上

10 min **分享**

邀請組員根據個人的成長經歷，思想及分享如何尋求成長的突破。

四　認識過去的情緒

目的

1. 透過「情緒圖」【附件 1】，讓組員認識自己的情緒狀況。遊戲以漸進方式，讓組員回想過去，回想自己的情緒，以便整理過去的思想和情緒。

2. 藉着做習作，使這些舊事和情緒重新整合，增加對自我的了解。準備下一次小組時間，更容易清理未處理好的往事。

小組流程

時間	內容
20min	**熱身活動**「情緒圖」遊戲 *【附件 1】*
30min	做**習作** *【附件 2】*
10min	休息
60min	**分享習作** *輪流分享，每人約 8-10分鐘*
10min	**總結**、介紹下次的習作 *請組員閱讀【附件 3】*

習作取自《生命軌迹》頁 44
總結參考《生命軌迹》頁 12-14、頁 244-254

五　清理未了結的帳（1）

目的

1. 讓組員採用「五個步驟清理未了結的帳」，使他們可以完成一次「檢視自己，克服過去」的過程。

2. 分享未了結的帳可以有不同的深度。若組長發覺組員在過去四次小組時間都可以分享較深入的個人事情，在得到組員的同意下，可以在兩日一夜的營會中舉行這兩次小組。希望在營會裏有更充裕的時間深入分享未了結的帳。營會會加插個人安靜環節、康樂時間，增強組員的聯繫。

小組流程

10 min	用故事及或鼓勵的話，帶出我們應以感恩的態度面對過去的「死穴」或未了結的事。透過檢視自己、克服過去，讓生命更新。 *預備組員的心聆聽彼此的過去*
10 min	**組長講述**自己過去一件「死穴」或未了結的事，示範以【附件 3】「五個步驟清理未了結的帳」，完成一次「檢視自己，克服過去」的過程。

60min **組員分享**

組員回顧自己的過去，將自己過去的「死穴」或一件未了結的事，用【附件 3】「五個步驟清理未了結的帳」，嘗試完成一次「檢視自己，克服過去」的過程。組長和其他組員會給予意見，幫助組員經歷這個過程和分享他們的成長經驗。

由組長引導 2 位組員分享，各用 30 分鐘

05min 小息

60min **組員分享**

內容及形式如上

05min 組長**回應及鼓勵**組員，組員也彼此鼓勵。

六　*清理未了結的帳（2）*

目的

讓組員應用「五個步驟清理未了結的帳」，讓他們完成一次「檢視自己，克服過去」的過程。

小組流程

10 min	用一些**勵志歌曲或詩歌**〈歡欣〉，帶出我們應以感恩和歡欣的態度面對過去的「死穴」或未了結的事，檢視自己，克服過去，生命更新。 *預備組員的心聆聽彼此的過去*
60 min	**組員分享** 回顧自己的過去，將自己過去一個「死穴」或一件未了結的事，用【附件 3】「五個步驟清理未了結的帳」，嘗試完成一次檢視自己、克服過去的過程。組長和其他組員會給予意見，幫助組員經歷這個過程和分享他們的成長經驗。 *由組長引導 2位組員分享，各用 30分鐘*
15 min	組長會就組員分享怎樣處理未了結的帳作**總結**，鼓勵組員為他們的需要**定立成長目標**。

七　現在的我——人生的任務（1）

目的

1. 讓組員認識自己現時的處境，學習接納及改善自己。
2. 藉着完成人生的任務作為評估及前進的方向。

小組流程

時間	內容
05 min	請大家**繪畫**自己的雙手 目的：自己對雙手認識有多少？（對雙手的特徵、長短、手指及手掌的情況有多少認識及了解？）你接納自己的雙手嗎？（若雙手有缺陷，你會有什麼感覺？你有勇氣伸出手來與他人接觸嗎？你發覺自己的雙手與他人的雙手不同，你有什麼感受？） *預備紙筆*
15 min	請組員**分享**藉這雙手可以帶給自己什麼成就？對現時的成就，如學歷、工作等滿意或不滿意？最滿意是什麼，最不滿意是什麼？
45 min	先請組員想想人生有多少任務，然後，再就書中提及的任務思想，檢視上一階段的發展任務如何，評估自己的青少年期是否

已達到人生的「發展任務」，並**分享**哪個任務是已掌握、哪個任務仍有困難、哪個任務很想發展。

成年人的5個任務：

1. 對現時自我身分的確立，能否在不同場合處之泰然；
2. 建立一套平衡心、身、靈健康的系統，增強抗逆力；
3. 不斷發展人際關係的網絡系統，增強支援資源；
4. 事業發展已穩定否，能否達致目標；
5. 確認自己的才幹、人生方向及是否符合自己對人生的計劃。

因已踏入成熟期，各人亦有不同的任務，再思考這幾種任務的發展情況。

05 min 休息

45 min 先**閱讀**聖經人物保羅的事迹，他描寫對個人內心兩極掙扎的自覺（《聖經．羅馬書》7章18-24節），透過書中〈自我概念〉（病態及健康的）一文，**了解**現時自己的境況，有何困難並探討如何處理。

預備《聖經》

05 min **總結**：「建立一顆願意自我對質的心」

請2位組員一組，互相面質，之後分享感受，藉着對質，期望提升大家對自己的要求及能力。

「發展任務」取自《生命軌迹》頁 66-67
〈自我概念〉取自《生命軌迹》頁 186-187
總結內容取自《生命軌迹》頁 194

八　*現在的我——人生的任務（2）*

目的

讓組員認識「掌握之道」（掌握人生發展任務）的進程及學習其中的竅門。

小組流程

05 min **破冰遊戲**：「水中夾波子」

分2組，時限2-3分鐘，用筷子夾起水中的波子，看看哪一組可以夾得較多。

簡單分享過程中所遇見的困難及解決的方法，藉此認識及經驗大小事情都會遇上的困難，但也可以尋找解決的方法。

15 min 讓組員認識「掌握之道」的進程及種類。

40min **組員分享**

1. 個人獨自作回顧及反省，將第七次「現在的我 —— 人生的任務(1)」所分享的「發展任務」作為回顧、反省及歸類，找出自己某一方面是歸哪類。不一定要每一方面都回顧，可以有哪幾方面，便作哪幾方面的分享，以書中的分類方式，找出自己的歸類(10分鐘)。
2. 彼此分享(30分鐘)。

10min 休息

10min **組長分享**

讓組員認識「掌握之道」的竅門。

30min **組員分享**

依剛才「發展任務」所分享的，及認識了「掌握之道」竅門後，組員分享自己如何掌握發展任務。

10min **習作**

選出一個想發展的任務，使之化作不同的小步驟，利用今日所學習的，按部就班地進行，第一步是什麼？何時能開始？第二步又是什麼？

分享內容取自《生命軌迹》頁68-72，頁109

九　將來的展望（1）

目的

讓組員明白過去不能決定將來，人生是建基於現在所抉擇的路，並認識面對將來的改變時會遇到的壓力。

小組流程

05 min	**破冰遊戲** 介紹現在你的五個身分（如：在家庭、在公司、在教會、在團體、在醫生眼中……），組員檢視個人各種現況，評估個人現時已擁有的能力、資歷，及身體狀態等。
60 min	**分享**：具體計劃將來，以達致實現個人生命價值的目標。 1. 估計5年後，自己的處境會怎樣，包括家庭、學業、事業、生活等（注意提醒組員儘量實際、踏實、具體地估計）； 2. 預期5年後哪些處境將發生（例如：人生階段、婚姻狀況、事業進程、家庭成員的改變、進修計劃、教會事奉、生活質素……），應作什麼行動對應那些處境； 3. 若不滿意5年後的處境，或預期將出現不利因素，如果環境許可作出改變的話，要作什麼改變？

15min **跟進上次課堂習作**

選出一個想發展的任務，使之化作不同的小步驟，利用所學習的，按部就班地進行，第一步是什麼？何時能開始？第二步又是什麼？

05min 休息

30min 組長**講解**面對改變時出現的壓力，讓組員認知當面對改變時會出現的壓力。

05min **習作**

重溫課堂所做的「5年計劃」，檢討當中有什麼地方要修正？並且寫下你對自己有什麼新的認識？讓組員對自己的將來有更多發現和認識。

取材自《生命軌迹》頁 79-81，頁 109

十　將來的展望（2）：過渡期的三個階段

目的

讓組員認識過渡期三個階段（終結期、中性區、新開始），所要面對及處理的事情，以致能更容易過渡。

理念

外在的環境催迫人進入新階段，但當事人內心的進程，往往有自己的節奏，不可催迫。這是一段內心轉變的過程，值得留意。

小組流程

15 min

破冰遊戲：過三關

1. 請三位組員分別守住三關；
2. 其他人要衝破攔阻，進入敵方陣地；
3. 衝破方法用剪刀、石頭、布；
4. 看看誰最快闖過三關。

遊戲目的是讓組員認識過渡期需要一個過程

15 min

介紹過渡期的三個階段，讓組員認識當中所要面對及處理的事情。

05 min	組員做**習作**「抗逆力的十二個素質」評估，認識自己的抗逆力。
20 min	組員們根據上述習作，分享個人具有哪方面的抗逆力素質。
10 min	小息
45 min	組員**回顧**自己重要的過渡期，嘗試總結在不同的過渡期中，順利過渡的心得，點算一下在過渡期中得到什麼成長的禮物和素質。 *組員總結個人經驗*
10 min	**組長總結**：〈助人成長提示〉

內容、習作、總結取自《生命軌迹》頁 82-88

十一　回顧與感恩

目的

讓組員回顧及總結在小組裏的領會與學習，好繼續健康地成長。

小組流程

15 min	用歌曲表達對生命的讚歎和成長的感恩。
15 min	組長表達對整體小組的**回應與感受**。
45 min	組員**分享**自己在這課程的發現與經歷。

30 min	組長給各組員一句欣賞的說話，分享後每人送上一張書簽以示**鼓勵**。
15 min	彼此握手祝福； 小組完結後一起用膳。

戊 附件

附件 1

遊戲方法

第一輪玩法

1. 先將筆放在情緒圖的中央空白部分，然後轉動筆。
2. 待轉動停止後，看看筆尖停在哪個區域。
3. 在區域內找一個合適的情緒詞語，代表今天的心情。
4. 若沒有合適的詞語，可再轉一次。

第二輪玩法

1. 重複第一輪玩法。
2. 在區域內找一個合適的情緒詞語，代表這星期的心情。

第三輪玩法

1. 重複第一輪玩法。
2. 在區域內找一個合適的情緒詞語，代表這個月的心情。

第四輪玩法

1. 先派發【附件 2】給組員。
2. 重複第一輪玩法。
3. 在區域內找一個合適的情緒詞語，然後填寫【附件 2】，作為分享及討論之用。

情緒圖

開心	失望	不安全	着急	丟臉	空虛	幸福	驚訝	徬徨
懷疑	焦慮	委屈	孤獨	感激	絕望	不耐煩	害羞	困擾
憔悴	得意	冷漠	興奮	抱歉	內疚	窘迫	矛盾	不知所措
挫折感	煩躁不安	欣喜				沉痛	安全	無奈
自卑	甜蜜	無力				憂鬱	無助	生氣
慚愧	苦悶	放鬆				無聊	妒忌	恐懼
擔心	溫馨	自在	沮喪	痛苦	灰心	可愛	罪疚感	充滿自信
安心	遺棄感	困惑	緊張	委屈	充滿希望	無用	失意	振奮
反感	厭惡	羞辱	感動	心寒	悲觀	迷惘	喜悅	猶豫
憤恨	焦躁	討厭	愉快	驕傲	驚喜	不滿	歉疚	感動

附件 2　傳下來的寶物 ?!

年齡	事件	人物	地點	當時感受	現在感受	對我今日的影響	它是我的寶物！ 還是負累？ 為什麼？（見指引）
0-10							
11-20							
21-30							
31-40							
總結							

取材自《生命軌迹》頁 44

指引

以下問題作為組員參考之用，只適用於【附件 2】最後一欄：「它是我的寶物！還是負累？為什麼？」

一　它是我的寶物！因為

1. 它成為我美好的回憶
2. 它成為我的良好習慣
3. 它改變了我的看法
4. 它改善我的品格
5. 它使我以後照着這樣做
6. 它使我感到光榮

二　它是我的負累！因為

1. 它使我成為笑柄
2. 它使我經常發噩夢
3. 它使我在人前感到羞恥
4. 它使我感到自己是個失敗者
5. 一想起它我就感到沮喪、痛苦
6. 它令我覺得自卑不及別人

附件 3

五個步驟清理未了結的帳

一　「死穴」：負面的刺激，牽動我們的負面情緒。惟有我們了解「死穴」的根源，不斷自我訓練和提高警覺，才能避免遭自己的「死穴」控制。

二　「未了結的帳」：在每一個人的成長歷史中，一些未經重新檢視和校正的不愉快回憶。

三　「五個步驟清理未了結的帳」

1. 增強自己對未了結的帳，或對「死穴」的自覺能力。

回想發怒的時候，你可以嘗試回答以下問題：

- 別人的什麼行為、態度或説話最容易觸怒你？是輕視的眼光？是一句粗魯的話？
- 別人的什麼行為、態度或説話最容易使你感到被拒絕？是別人不聆聽、不理解嗎？是別人忽略你，故意不望你嗎？是別人有意從對談中將你排斥嗎？
- 怒氣和被拒絕的背後，是什麼傷害？
- 回想過去，你有沒有遇過類似的情況？
- 你心底有否沒説出來的期望，致使那些不愉快的情緒升級？
- 若説出來，對方能明白你的期望和「死穴」嗎？

2. 利用對自己「死穴」的自覺，減少情緒反應過敏的頻率。

3. 挑戰及修正過敏的反應。明白回憶並不反映今日的事態，給自己自由去選擇和作出新的反應。

4. 增強自己作出適切反應的能力，借鏡一些正面的經驗，慢慢將舊有的、過時的反應，以新的、正面的反應取代。

5. 透過不斷重訪舊的經歷，學習新的反應，鞏固自己選擇的新反應，成為一個不被過去捆綁的人。

以上的過程是漫長而重複的，但能慢慢減低我們對改變舊有反應的抗拒，嘗試把新學習的反應，應用到不同及不斷出現的處境上，最終達致「消解」，就像一次脱掉「舊我」，換上「新我」的過程。

取材自《生命軌迹》頁 55-56

己 書目

林孟平（1993）：《小組輔導與心理治療》。香港：商務印書館。

理盧幼慈（Norma Leben）設計（1995）：《敢言感受錦繡輪》（親子EQ遊戲）。香港：青田教育中心。

彭德修（2003）：《情緒傷害 —— 快樂銀髮族篇》。台北：宇宙光出版社。

區祥江（2008）：《生命軌迹 ——13個助人自助的成長關鍵》（增訂版）。香港：突破出版社。

評語（區祥江）

一　能以一個理念作為小組設計，有助組員掌握成長小組的進程，以一本書作輔助閱讀也可取。

二　若沒有缺席人數6位情況尚可，可考慮增至8位。

三　若選定某一性別的組員，可以分辨某一性別在小組表現的特徵及須注意的地方。例如，以男性作對象，他們可能須要多些熱身活動及理念的分享。

四　流程及小組習作指引清晰。

五　若按循序漸進、由淺至深的原則，建議將第4至6次有關情緒及清理未了結的帳，放在「現在的我——人生的任務」之後。因為未了結的帳分享的內容比較深入和貼身，放在較後的小組時間比較合適，讓組員先建立信任和安全感。

六　因為小組內容有關個人成長，小組是否成功取決於組長的成熟及個人素質，他是否一個敢於面對的人。另外，他亦要善用小組改變的因素帶動小組一起成長。

附錄二　組長帶組反省

編按：本篇由修讀中國宣道神學院教牧學碩士「小組帶領技巧」學生陳德富撰寫，就參與本書的組長訓練課程，總結個人經驗。

引言

課程至今已是第六個星期，這小組有8人，雖然相處及認識不太深入；但由於每次課堂都有開組時間，而組員又是教會牧者，有帶小組的經驗，所以縱然是輪流帶領小組，各人也頗主動及投入；帶領小組是以討論小組功課的某一部分為主題，討論的效果及氣氛也流暢及和諧。

起初，得悉輪到自己帶領，也有些微憂慮。我的憂慮不是來自技巧或能否達標；而是來自自己的思想：由於之前的開組內容是「角色扮演」，我裏面有一種不真實的掛慮，恐怕有部分組員將上星期開組的角色帶入，我如何應付呢？加上今次有3位同學缺席，連我在內只有5人，我是否能令小組運作順暢？我心中時常盤算：實際的安排及如何完成「目標」的責任，以致因壓力而失去喜悅、自然的心情來帶領小組。

開始帶領前，我提醒自己要先分享，以鼓勵其他組員分享和互動；發問時問題要清晰，組員回答時要細心聆聽和適切回應。更加重要的是讓大家感到是「此時此地」的回應，而不是在「開會」。

結果如何？以下是我一點體會和反省。

帶領小組過程之概況、技巧、強弱及反省：

1. 帶領小組的預算過程：是次要在小組中帶領組員商討小組功課中的開組守則（小組規範）。我在開始討論前，先向組員說明今次的主題，並強調討論內容要具體。由一位自動請纓的組員負責文書工作，記錄商討的內容。接着有幾位組員提議用老師的筆記作探討基礎，在沒有反對下，順其自然我也接納這建議。我帶領大家按次序逐點商討，經修改（主要在字眼上修改），及刪減後完成。然後我請文書複述，及詢問有否其他意見加入後結束。

2. 小組的進行模式：整個小組討論過程約20分鐘，主要的傾談模式是「自由交通」，有來有往及互動，也是預期的效果。

3. 小組整體氣氛：由於各組員夠成熟，整體有凝聚力，加上互相信任，所以商討氣氛良好，並無太大的反動。不過整個小組情況，較似開會，氣氛嚴肅。

4. 帶領小組時的技巧運用：我在帶領時也運用了一些帶組技巧，包括在發問時要清晰、在等候回應和聽取不同意見時要有眼神交流。我感到自己是細心聆聽每一位組員，及適當介入，包括那些私下傾訴的（可能因為只有4位組員）。在對方表達含混時，我會澄清及重複提問。當大家沉默時，我嘗試作「撮要」及「自我表露」，述説一些成功的經驗，希望帶動組員作更多分享。回想整個過程，我的聲量合適，也曾適切地鼓勵組員。

5. 帶領小組之強弱：我對今次帶領小組的經驗，感到有幾個優點。我們有清晰的共同目標；我在開始時的簡介及分工清楚。我在帶領中坦誠流露自己的經驗；有足夠的眼神鼓勵較靜的一位組員，並提名請他分享。整個帶領中，我給予每位足夠的互動討論，使大家感到有份參與。

結語

商討完小組功課後，我們討論在過往六次小組中有否建立一些原則？

大家思考一會後，同意我們開組時似「開會」；氣氛良好、順暢、夠自然，由於大家互相信任以致分享較開放。

大家都願意聆聽，樂意表達意見，就算意見不同，也彼此尊重、坦誠表達，也有適當的回應。

小組的目標以完成工作目標為主，缺少感受交流。作為一個「功能」、「工作」小組，可算是好的；但作為「成長小組」就不足，因為缺少了一個分享生命經歷的過程。

附錄三　小組進程觀察

編按：本篇由修讀中國宣道神學院教牧學碩士「小組帶領技巧」學生葉德洪撰寫，就參與本書的組長訓練課程，總結觀察學習。

我透過帶組訓練課程，學習有關帶領小組的技巧及理論，親身體驗帶領小組的滋味。組長不是單由一人擔任，而是各人輪流擔任。這樣的安排，讓我們可以從組長及組員兩個角度觀察小組的發展及它的互動。以下是一些觀察：

首次見面，主動投入

全部學習者按功課分成兩組，分別是英文課本組及中文課本組。因小組不是自由組合，組員組合便不能控制，意即一定會跟不認識的人同組。這需要一段適應期，所謂小組的初階。令我感到意外的是，在第一次小組聚會，組員十分投入，主動分享，沒有陌生感。當然第一次小組內容也幫助大家投入。第一次小組內容是「理想組長的條件」，這課題對組員來說是駕輕就熟（組員都是教牧同工，有帶組經驗），大家可以盡情發揮，沒有一人含糊其詞。大家有這表現，我不覺奇怪，因討論的是一些客觀、抽離的問題。到問大家有沒有「理想組長的條件」時，大家也同樣投入分享。問題算是「埋身」一點，要剖白自己多一點，但各人也自然回答，可見大家都很成熟，對自己的認識也很深。

任務取向，更易投入

小組內容是多元化的，包括互相認識、分享教會事奉歷程、體會處理「麻煩組員」的困難。在每次小組聚會中，組員也有不錯的分享。討論最熱切的，要算討論功課的兩次小組時間了，因繳交功課是大家的共同目標，並且功課是有時限和不能延誤的，一過期就不能回頭，所以大家也很緊張和投入。討論過程中，大家説話速度很快，意見也很多，但整合出來的結論卻不多。在未有定論下，大家找不到共識，功課進度亦很緩慢。若在昔日讀大學及神學院出現這情況，同學定會心急，有些更會按不住脾氣。在今次小組，大家雖有點緊張，但對膠着的狀態卻沒有表達不滿。大家這樣平靜，或許因在教會內已遇上不少類似的場面，自然駕輕就熟。相比教會的難題和人事糾紛，這些只是小巫見大巫而已！

有指定組長，也有自然組長

每次小組由指定的組長帶領，由他決定討論的範圍，而組員也跟從組長的帶領，按組長的引導討論有關課題。但有些時候，特別是緊迫的時候，如討論功課時，一些自然的組長便會出現。組中有同學不時會流露組長的氣質，帶領討論的方向。他表現得十分自然，沒有喧賓奪主的感覺。他不是隨意發言，事前總是準備充足，花了很多工夫，一到他講，總是頭頭是道。組員都欣賞及接納，沒有很大的異議，而過程也十分自然。後來有組員更以「大佬」尊稱對方。按觀察，組內有兩位「自然組長」。一位是剛才提及的；另一因工作太忙，所以沒有事前準備，只有即場發揮。

多走一步，有鼓勵作用

在數次小組時間，有組員總會欣賞其中一位女組員，説她很願意承擔小組工作（如：為同學買書及編輯整份小組功課）。教牧大都十分忙碌，大家不是不願付出，很多時也是有心無力，怕無法實現承諾。每當課後討論功課，分工時，大家總有些遲疑，沒有討論時的熱烈。要在自己繁忙的工作上再加一點，總是不易。若組員的信任度足夠，把自己的困難説出來，大家應會體諒。不過大家沒有説出來，選擇沉默，靜下來等待「救星」出現。最後，她成了那「救星」，她願意承擔一項較難的工作。她走出的一步激勵了其他組員，大家亦因此願意為小組付出多一點。

意見雖不同，卻不見衝突

小組分享時，總會出現不同意見。在小組的中後期，大家已可以放心地表達不同的意見，沒有不自然的感覺。組員聽罷與自己相反的意見後，表現也很自然，沒有不快。大家也很和諧，沒有明顯的衝突。不知和諧的現象是因大家經溝通後，接納了彼此的意見，還是不想因衝突令組員間關係受影響。按個人估計，似是後者。大家十分成熟，可以自然地分享，甚至相反意見也能表達；但到某些敏感關頭，又能收斂下來，不會過分堅持。

小組不常是表達意見，不少時候是表達感受及觀感。若有組員分享這方面，其他組員大都主動回應，而回應大都是正面的、鼓勵的，甚少批評。

過渡階段，邁向成熟階段

經過八次小組，究竟小組進入哪一個階段呢？若以Corey的四階模式（創始階段、過渡階段、工作階段、完結階段）來看，我們的小組應在過渡階段。如上文所説，小組很快便離開創始階段。大家適應新小組的能力很強，不用很多「熱身」時間便能投入，有傾有講。

離開創始階段，小組自然地進入過渡階段。透過數次小組聚會：討論功課、分享事奉歷程、互相認識等，大家有進一步交流及分享。但小組進入了成熟階段嗎？按現況似乎未到。這判斷主要是從大家處理不同意見時的表現得出來的。組員會有不同的意見，也會表達，只是容易為減少衝突而改變初衷。小組不一定要有衝突，但若刻意迴避衝突，則反映小組仍未進入成熟互信的階段。

專業推介

這本組長培訓手冊，有簡單易明的原則和例子、步驟與習作，是言之有物的教材。本書引導學習帶組者不單有基本的小組知識，也採用互動活潑的學習模式，加上與其他組員彼此回應，透過訓練員的鼓勵提點和本身事後反省，是理論與實踐兼備的嘗試，值得推廣；其中訓練員的角色甚為重要，須具備帶領小組的知識經驗和敏鋭判斷反應，方能活化這「經驗式」的學習模式。

陳幼莉

中國神學研究院副教授（輔導科）

筆者在教會負責青少年事工多年，早前為一班年輕人開辦了組長訓練班，首次選用《啟動羣體生命力 —— 小組訓練10 課》。這書有別於坊間的小組書籍，區博士為此書構思了10 次的訓練，並且使用經驗學習法（experiential learning），演繹帶領小組的基本知識、小組動力元素等各方面，涵蓋面很闊。每課字數不多，包含的知識卻非常豐富。回想起過去訓練班過程，每次都能激發組員很多交流，並發現自己的強項和需要改善的地方，為將來擔任組長的學員帶來深刻體驗。誠意推薦這書。

周雄新

現任宣道會樂富堂傳道人